世界之最的故事

的故事

溫晴玲◎編著

好讀出版

序言

不曉得您是否跟我以及我的一群「五、六年級生」朋友一樣，從小就喜歡看些《寰宇蒐奇》、《世界之最》的課外讀物。每逢友人們一聽說我正在蒐集各項新奇有趣的世界紀錄時，總是自告奮勇地幫忙想題材，聊著聊著，就會回想起自己童年愉快的閱讀經驗。這本書的寫作，為我們增添了許多茶餘飯後的有趣話題。

一般人提到「世界紀錄」，通常會立刻聯想到「金氏世界紀錄」（中國習慣翻譯為「健尼斯」）。這個具有全球知名度的民間組織，起源於西元 1951 年：英國金氏公司總經理因為目睹有人為了爭論「歐洲飛得最快的鳥類是什麼鳥」而大打出手後，便決定要為這類問題找出明確的答案，他開始聘請專人蒐集資料及整理。西元 1955 年，第一本《金氏世界紀錄大全》問世，創下全球 7700 萬冊的銷售量，是僅次於《聖經》的第二大暢銷書。隨著網路時代來臨，「金氏世界紀錄」現在已有官方網站可提供最新的紀錄，讓網友免費查詢。

歷經超過五十年的發展，「金氏世界紀錄」在一般人心目中已奠下了極具公信力的信任基礎，不過隨著許多新項目的創立，不免也產生一些「為了創紀錄而創紀錄」的情況，甚至出現有些挑戰人體極限的項目，例如吞鐵釘、吃玻璃等奇特的能力，不僅令人匪夷所思，

更不禁引發背脊發涼等複雜情緒。因此，本書並未採用金氏的項目，並且盡可能略過這些會令人感到不舒服的紀錄，代之以十大類的主題，多方面地蒐羅兼具知識性和趣味性的各項「世界之最」。

值此資訊爆炸的時代，大眾雖然可以從媒體得知許多新締造的世界紀錄，例如世界最高的大樓、年紀最大的產婦或是某地製造出某類最大／最長的食物等；浩瀚無邊的網路世界裡，儘管也能找到許多世界之最的資料，但是不少紀錄卻也有「保存期限」，就像每一次新紀錄的締造，往往也代表著舊紀錄的被刷新，甚至還有發明史上的公案被重新定義（例：誰發明了電話），如果沒有仔細研究紀錄的內文，讀者找到的網路資料可能只是過時的「世界之最」；更不用說是多年以前出版發行的書籍了。希望這本書有助於讀者腦內知識庫進行更新！

本書參考了許多前人的心血結晶、相關官網資料以及各種不同主題的百科全書，同時也盡量將相關的科普知識和常識一併整理出來，以方便讀者對該主題有較完整的認知，或進行相關延伸閱讀。

《天下雜誌》曾在2004年發布一項「台灣人的國際觀」調查，裡頭提到有大約八成的台灣人不知道每年的

諾貝爾獎在哪個城市頒發、不知道德國使用的貨幣是歐元………（答案請參見本書「人文館」），其實國際觀是可以從生活中一點一滴去累積建立的，讀者不妨可以利用本書的編輯，不論是自行閱讀或親子共讀，在閱畢每項紀錄後，針對該主題繼續翻查手邊可得的工具書或網路資源；對照時事（例如舉辦奧運會、世界盃、頒發諾貝爾獎）並留意相關新聞報導，相信藉著此種寓教於樂的方式，定可幫助自己和孩子們成為更有宏觀視野的現代人。

寫在本書付梓前夕，謝謝編輯的辛勞，也將本書獻給一直在身旁默默支持我的丈夫國智，許多個週末假日和夜晚，他總是包容地讓我「神遊世界」，為我準備三餐、料理家務，好讓我沒有後顧之憂地專心筆耕。沒有他的支持，就不會有這本書的問世。

最後，在您開始閱讀本書之前，衷心祝福您可以從本書得到閱讀的樂趣和知識上的收穫。

作者 溫晴玲

目次
Contents

目次

序言

第一篇 天文館

1. 太陽系最大的行星 14
2. 太陽系密度最低的行星 16
3. 太陽系最大的衛星 17
4. 太陽系最遠的行星 18
5. 離太陽最近的行星 19
6. 距離地球最近的行星 21
7. 體積最大的隕石 22
8. 探索宇宙的世界之最① 23
9. 探索宇宙的世界之最② 24
10. 最早的人造衛星 26
11. 第一位女太空人 27
12. 年紀最大的太空人 28

第二篇 地理教室

1. 最高的山峰 32
2. 最大的沙漠 33
3. 最大的盆地 35
4. 最大的內陸盆地 36
5. 世紀大地震 37
6. 全球平均氣溫之最 39
7. 平均海拔最高的大陸 41
8. 海拔最低的地方 42
9. 最大的群島 43
10. 最深的海溝 45
11. 最大的海 46
12. 最小的海 48
13. 最深的海 50
14. 最淺的海 51
15. 最髒的海 52
16. 最長的河流 54
17. 含沙量最多的河流 56
18. 最大的湖泊 58
19. 最大的淡水湖群 59
20. 最寬的瀑布 60

第三篇　動物園

1.　奔跑速度最快的動物 64
2.　最大的動物 65
3.　最毒的動物 66
4.　最大的兩棲動物 68
5.　妊娠期最長的哺乳類動物 70
6.　駱駝之最 71
7.　貓咪之最 73
8.　最大的鳥類 74
9.　最小的鳥類 76
10.　最會模仿聲音的鳥 77
11.　最會裝潢布置的鳥 79
12.　孵化期最長的鳥類 81
13.　最會放電的魚 82
14.　壽命最短的昆蟲 84
15.　會飛的蛇 85

第四篇　植物園

1.　壽命最短與最長的植物 88
2.　年代最久的植物 89
3.　陸地上最長的植物 91
4.　最大的花 92
5.　最小的花 93
6.　花序最大的木本植物 94
7.　花序最大的草本植物 95
8.　生長最慢和最快的樹木 96
9.　不怕火燒的樹木 97
10.　最毒的樹 98
11.　最奇特的結果特性 100
12.　最長壽的種子 100
13.　最凶猛的植物 102
14.　吸水性最強的植物 103
15.　最能忍受紫外線照射的植物 104

第五篇　人類館

1.　一天握手次數最多的人 108
2.　指甲最長的人 109
3.　鬍鬚最長的人 110
4.　年齡最大的產婦 112
5.　年齡最小的產婦 113
6.　體重最輕的存活早產兒 114
7.　出生體重最重的巨嬰 116
8.　第一個試管嬰兒 117
9.　遍體紋身的男人 119
10.　最會減肥的男人 120
11.　身段超柔軟的軟骨功 121
12.　轉動最久的硬幣 122

第六篇　建築大展

1.　世界最高的大樓 126
2.　最大的辦公建築 128
3.　第一條高速公路 129
4.　高速公路最發達的國家 130
5.　第一條鐵路 131
6.　最長的海底隧道① —英法隧道 132
7.　最長的海底隧道② —日本青函隧道 134
8.　吞吐量最大的海港 135
9.　最長的橋 137
10.　最高的橋 139
11.　最長的人行吊橋 140
12.　橋樑最多的城市 141
13.　最古老的城市 143
14.　現存規模最大的古建築 145
15.　最大的金字塔 146
16.　第一座摩天輪 148

第七篇 科學工廠

1. 最早的人造玻璃 152
2. 最早的望遠鏡 153
3. 最早的眼鏡 154
4. 最早的隱形眼鏡 156
5. 電的發現 158
6. 最早的電池 159
7. 第一台發電機—法拉第傳奇 160
8. 最早的電視機 162
9. 最早的電話 164
10. 電話發明的專利—貝爾 166
11. 第一輛自行車 168
12. 第一輛汽車 169
13. 最長的汽車 171
14. 最小的汽車 171
15. 會跳舞的機器人 172
16. 最早的加油站 173
17. 最貴的石油乾井 173

18. 第一架飛機 174
19. 載重量最大的飛機 176
20. 最早的麻醉手術—中國篇 178
21. 最早的麻醉手術—西洋篇 179
22. 最早的紙 181
23. 最早的鉛筆 183
24. 最早的迴紋針 184
25. 最早的相機 185
26. 最早的指南針 187
27. 最古老的時鐘 188
28. 最早的手錶 190
29. 最早的留聲機 191
30. 全世界第一條拉鍊 192
31. 最早的抽水馬桶 193
32. 最早的保險套 195
33. 最早的溫度計 196

JOLIOT-CURIE, Irène
Nobel Laureate CHEMISTRY 1935
© Nobelstiftelsen

第八篇 人文館

1. 歷史最久的高額獎金 200
2. 第一位榮獲諾貝爾獎的女性 201
3. 第一位榮獲諾貝爾和平獎的非洲人 203
4. 學歷最低的諾貝爾化學獎得主 204
5. 最早的報紙 206
6. 最暢銷的書 207
7. 最古老的長篇小說 209
8. 規模最大的貨幣轉換 211
9. 最早的動畫 212
10. 最早發行的郵票 214
11. 婚齡最久的夫婦 215
12. 最小的國家 216

13. 最小的島國 218
14. 海拔最高的國家 220
15. 第一個允許婦女投票選舉的地區 221
16. 最長的英文單字 222
17. 字數最多的國旗 224
18. 最古老的國旗 225
19. 顏色最多的國旗 226
20. 顏色最少的國旗 226
21. 最短的國旗 227
22. 最長的國旗 228
23. 形狀最特殊的國旗 229
24. 修改次數最多的國旗 230

第九篇　美食館

1. 最早的冰淇淋 232
2. 最早的可樂 232
3. 最早的拉麵 233
4. 第一個吃燕窩的中國人 235
5. 第一杯咖啡的問世 236
6. 饋送情人巧克力的起源 237
7. 最早的麵包 239
8. 最長的熱狗 241
9. 最大的麵包圈 242
10. 三明治的出現及演變 244
11. 第一瓶香檳酒的釀造 245

第十篇　體育場

1. 第一支職業棒球隊 248
2. 最早開始足球運動的國家 249
3. 最早的世界盃足球賽 251
4. 最多人同時打太極拳 252
5. 最長的風箏 253
6. 呼拉圈運動之最 255
7. 籃球的起源 256
8. 美國 NBA 得分王 258
9. 奧運會的起源 259
10. 最貴的奧運會 260
11. 精神最可佩的奧運會 261
12. 奧運史上第一隻吉祥物 263
13. 奧運聖火之最① 264
14. 奧運聖火之最② 265
15. 奧運聖火之最③ 267
16. 奧運金牌得主之最 268

第一篇

天文館

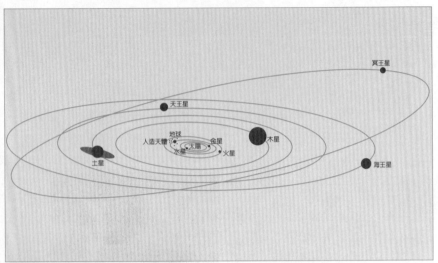

天王星

冥王星

地球
人造天體　太陽　金星

土星
水星　　火星

木星

海王星

1. 太陽系最大的行星

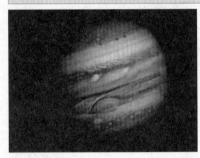

「木星」（Jupiter）是太陽系中最大的行星，其他八個行星質量加起來的總和，也比不上單單一個木星。古人因其王者般的風範，便以希臘神話中的眾神之神宙斯爲名（即羅馬神話中的朱比特）。木星附近數量多達二十八顆的衛星，則以宙斯的愛人們來命名，唯一的例外是「阿摩迪亞」衛星，它是以宙斯的奶媽爲名。

木星的直徑約爲地球的十一倍，它是一個「氣態」行星，大氣層主要由氫、氦和極少量的甲烷組成。

①太陽系行星軌道圖。② 木星。

　　木星公轉的速率是每秒13.06公里，公轉一周需花
費地球時間將近十二年。自轉一周的時間卻不到十小時
（九小時五十六分鐘），也就是說在木星生活的話，十
小時就過了一天。木星表面的雲氣受到快速自轉產生的
激烈風速影響，在各處產生出帶狀條紋及漩渦──最大
的漩渦是如同颱風一般，寬度高達四萬公里的大紅斑，
位於木星的南半球。大紅斑的直徑是地球的三倍。一般
而言，大多數的漩渦在產生後不久就會消失，但是這個
大紅斑自從十七世紀被發現以來，已經持續三百年以上
未曾消失，連科學家也還不清楚原因何在。

註

　　隨著大口徑天文望遠鏡的問世，1997年又發現了
木星的十二顆衛星──由原本世人所認知的十六顆衛星
增加為二十八顆衛星；根據美國太空總署（NASA）的
最新資料顯示，截至2003年9月，木星的衛星已累計
達六十一顆，目前仍持續增加中。故木星也是太陽系擁
有最多衛星的行星。

2. 太陽系密度最低的行星

太陽系的九大行星中，「土星」（Saturn）雖是僅次於木星的第二大行星，但與地球相較，它的質量約是地球的九十五倍，體積上更是超過地球七百多倍。以太陽為中心，由近至遠的距離順序排列數來，土星是第六顆行星，距離太陽約有14億公里，相當於一千倍地球直徑。它的英文名字「Saturn」取自於羅馬神話故事中農業之神的名字。

與其他類木行星一樣，土星幾乎全由氣體組成，其中氫氣占了75％，氦氣占25％，加上非常微量的水、甲烷、氨以及岩石，這和太陽系形成當時，原始太陽星雲的組成非常類似。土星的密度非常小，是太陽系裡密度最低的行星，它的比重只有0.7，甚至比水還小，舉個例子來說，如果有個夠大的水盆能夠裝得下土星的話，土星會浮在水面上。

土星的外圍圈著一個由七個主要光環所組成的一個寬廣的環系，因此有人說，如果在一堆未標識的天文圖片中，土星大概說是最容易被正確辨識的美麗星體。長期以來，土星的美麗光環系就吸引了諸多觀星者的目光，最早發現土星環的人正是著名的天文學家伽利略，

美麗的土星環。

西元 1610 年他透過一台很原始的望遠鏡，看到土星外圍的環系，不過從那台望遠鏡裡看到的環系，就像是兩個把手。

土星環是由無數個不同大小的粒狀物所組成，主要組成物質為小冰塊、塵埃、與小石塊，土星環至少由五道同心環所組成，是一個極薄但卻很寬的環形系統，它的厚度最多不超過 1.5 公里，但是直徑卻有 25 萬公里甚至更大。土星環位在土星的赤道上空，在空中具有固定的取向。由於土星赤道面相對其軌道平面的傾角為 27 度，隨著土星的軌道運動，地球上的人們可從不同的角度看到土星環。

3. 太陽系最大的衛星

在太陽系裡大約有六十多顆衛星，其中最大的一顆衛星是位於木星軌道上的「木衛三」（Ganymede），它是伽利略於西元 1610 年首次被觀測到的四顆木星衛星中的一顆。木衛三的直徑約 5268 公里，軌道距離木星 107 萬公里，密度較低，為每立方公分 1.93 克，這說明了它的物質成分大體上是岩石和冰雪各占一半。由吸積過程所生的熱量，和從放射性元素蛻變而

木衛三繞行著龐大木星運轉。

來的熱量，可能在成形的初期造成物質分異，從而形成了一個岩石核心和一個厚厚的冰雪包層。

4. 太陽系最遠的行星

「冥王星」（Pluto）的名字取自希臘羅馬神話故事中的地獄之神，是由美國天文學家湯博（Clyde W. Tombaugh）於西元1930年首度發現的行星，它是已知太陽系大行星中最外圍的一個，也是離太陽最遠的行星。冥王星與太陽的平均距離約為59億公里，不過由於它的軌道很「偏心」，偏心率為0.251，所以當它每隔248年之久，運行到近日點附近的時候，就會比海王星還靠近太陽。最近的一次是發生在西元1979年至1999年這二十年期間，下次就要等到二十三世紀了。

根據天文學家的觀測，冥王星極冠的成分是甲烷冰，這種冰態冠有時會延伸到距冥王星赤道半程處，成為冥王星上溫度極低的證據，支持「表面物質均是凍結了」的說法。科學家們估計，冥王星的表面溫度只有約攝氏零下218度，只比絕對零度稍高一些，是太陽系中最冰冷的行星。

□ 冥王星。

自從冥王星於1930年被發現以來，天文學家一直找尋它的衛星，但都沒有成功，因為冥衛一緊靠著冥王星而被冥王星的光輝所掩沒，直到1978年才被發現。冥王星的衛星（冥王衛），直徑約為冥王星的一半，被命名為「Charon」。英語「Charon」是神話中的船夫，專司引渡靈魂過施蒂赫河，前往地獄之神普路托處接受審判。目前所知冥王衛沿著圓軌道繞冥王星運轉一周的時間是6.3871天。

5. 離太陽最近的行星

根據英國《新科學家》報導，2004年5月初，美國亞利桑那州洛厄爾天文台的天文學家布賴恩‧斯基夫（Brian A. Skiff）在進行「近地天體搜尋」項目的觀察時，無意中發現了一顆小行星，它是已知的小行星中距離太陽最近的，也是目前已知的第二顆運行軌道完全處於地球公轉軌道以內的小行星。這顆小行星後來被稱為「2004JG6」。

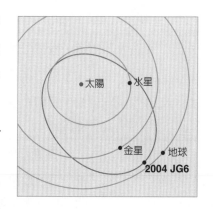

這顆小行星的直徑約為500公尺到1000公尺之間，每六個月繞太陽公轉一周，它的公轉軌道呈現略扁

2004JG6行星繞日軌道圖。

的橢圓形，與水星和金星的軌道交叉。發現這顆行星的天文學家斯基夫表示，當他觀察到這行星不同尋常的運動軌跡時，就確定它不是一顆普通的行星。在他向設在麻薩諸塞州坎布里奇的小行星中心（MPC）通報觀察情況之後，該中心也驗證確認斯基夫的確發現了一顆新的小行星。

這顆小行星的軌道中的近日點離太陽不足5000萬公里，比水星更接近太陽；它的遠日點則位於金星軌道與地球軌道之間。它距離地球最近的地點是在遠日點附近，距離只有560萬公里，不過仍比月球與地球之間的距離遠了十倍之多。

天文學家推測，這顆小行星應該源自火星和木星之間的小行星帶。雖然在這一地帶內的小行星，運行軌道一般都相對穩定，但可能在某種罕見的特定情形下，木星引力推使某些小行星離開這一地帶，在漂移過程中，受到火星和地球的引力作用，小行星將會離太陽越來越近。

這顆小行星之所以成為大家爭相研究的熱門天體，乃因以與太陽的平均距離而論，太陽系天體中只有水星比它離太陽更近。

6. 距離地球最近的行星

得名自羅馬神話故事中專司愛情和美麗的女神維納斯（Venus）的「金星」，是太陽系裡距離地球最近的行星，按照距離太陽由近而遠的順序排列，位居第二。在地球夜晚的天空中，金星是月亮之外最明亮的天體，
它離地球比其他大行星都近，約在4萬2000公里以內。

金星和地球一樣，都是繞著太陽公轉，因此從地球看過去，金星呈現出和月球類似的位相變化，只不過每次的週期需時584天。

從大小和質量來看，有人將金星和地球比喻為一對孿生天體，金星的直徑約 12,103 公里，地球則為12,756公里，金星質量約為地球的0.81倍。

不過兩者之間也有很大的差異存在，例如金星大氣的成分就與地球大氣層截然不同，而且金星地表溫度可高達攝氏 460 度左右，是太陽系所有行星中地面溫度最高的一個，它的大氣壓力則是地球的九十倍。

□ 看似月亮的金星。

7. 體積最大的隕石

我們所居住的地球，只是茫茫宇宙中的一顆小行星，在我們周圍的星際空間裡，還有爲數甚多、無法細數的「鄰居」，除了大小不一的行星和恆星之外，還有不少小而暗的塵粒，當它們闖入地球的大氣層時，會因快速摩擦而起火燃燒，形成大家口中浪漫的許願流星。當流星體體積較大，穿越了大氣層還沒有被燃燒殆盡的話，落在地面上的殘餘物體就稱爲「隕石」（meteoric stone）。根據非正式的統計，每年地球約會發生一百五十次左右的隕石事件。

隕石又因其組成成分而分成三大類：鐵隕石、石隕石和石鐵隕石，其中石隕石占發現隕石總數的 92％，是最常見的隕石種類。現存最大的鐵隕石是在非洲奈米比亞發現的，重約 60 公噸。一般來說，石隕石因爲經不住隕落時的高溫烈火及高壓氣流的衝擊，常常在落地前就發生爆裂，所以石隕石的「個頭」通常都不太大，目前所知世界上最大的石隕石，是 1976 年 3 月 8 日墜落在中國吉林省的隕石，重達 1.7 公噸，落地時在地面砸出了一個直徑 2 公尺多、6 公尺深的大坑洞。

吉林省的這顆大隕石打破了 1948 年 2 月 18 日墜落於美國諾頓——富爾內斯的隕石紀錄，在此之前，美國這顆 1.07 公噸的隕石締造了世界上最大的石隕石紀錄。

隕石的「年齡」可以透過測定隕石內放射性物質及其蛻變物相對含量來推算，得出隕石母體形成後的經歷；有科學家針對加拿大一顆隕石進行分析後發現，該隕石形成於太陽系成形的年代，因此可以提供關於太陽系的起源、甚至地球生命起源的重要資料。

8. 探索宇宙的世界之最①

　　「飛翔」是人類自古以來的夢想，隨著萊特兄弟成功地發明出飛機之後，人類更進一步地把目標提高到浩瀚的太空。二十世紀正是人類突破極限、飛向太空的關鍵一百年，在這一百年當中，探索宇宙成為一項熱門的國際話題，許多航空英雄和更多默默無名的幕後英雄，締造了一樁樁歷史性的新紀錄。

　　二十世紀初期飛機才剛發明不久，飛航安全、舒適度和技術都還不及現在的水準，然而已有一群走在時代尖端的科學家，開始鑽研飛入太空的可能性。西元1926年3月16日，美國火箭研發的先驅者羅伯特・哥

□ 登上月球的歷史時刻。

達德（Robert H. Goddard）經過十多年的研發和實驗，終於在他姑媽家的菜園裡，成功發射了世界上第一枚液態燃料的火箭，這枚火箭上升了41英尺，為飛入太空開闢了一條成功之路。

火箭順利升空四年後，1961年前蘇聯再度在太空競賽上拔得頭籌，乘坐著「東方號」太空梭的太空人尤里・加加林環繞地球一周，成為飛出地球大氣層、進入外太空的第一人。

美、蘇之間的太空競賽發生在冷戰時期，因此它除了具有展示國力的意味，某種程度也象徵軍事科技的日新月異；多年來一直處於競爭劣勢的美國，終於在1969年7月20日扳回一城，美國太空人阿姆斯壯成功登陸月球，創造了人類第一次將足跡留在地球以外的星球之歷史性紀錄。

9. 探索宇宙的世界之最②

美、蘇之間的太空競賽，從原本美國一直處於劣勢的局面，到了西元1969年阿姆斯壯（Neil Armstrong）搭乘「阿波羅十一號」（Apollo 11）的登月小艇登陸月球，總算打成平手。由於太空競賽發生的時代背景正是冷戰時期，因此雙方都不惜在航空計畫上投注「天文數

字」般的金額，競爭的技術領域包括火箭、衛星、太空梭、太空站、行星探測器等方面，頗有為星際大戰開打預備平台的研發態勢。

隨著冷戰的結束，上個世紀九〇年代的航空計劃才逐漸回歸科學研發的本質。1994 年至 1995 年，俄羅斯的太空人在「和平號太空站」連續停留了四百三十八天，成為在太空裡待得最久的太空人；女太空人則是由美國的露西德創造了一百八十八天的紀錄。

若以飛行時間來計算，美國哥倫比亞號太空梭於 1996 年 11 月 19 日升空，總共飛行了十七天又十五個小時五十三分鐘，創下了太空梭最長時間的飛行紀錄。

回顧二十世紀的宇宙探險歷史，美國從 1969 年到 1972 年共進行了五次「阿波羅」飛行，有十二名太空人登陸月球；前蘇聯及俄羅斯在 1971 年到 2000 年之間，共建立了七個太空站，這些都是開歷史之先的世界紀錄。

人類邁向太空時代。

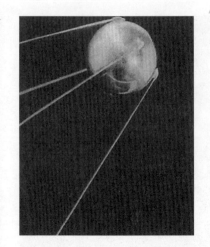

10. 最早的人造衛星

「衛星」（satellite）是指圍繞一個大型天體運行的小天體，通常是一顆行星，不過拜科技之賜，現在已有天然和人造的衛星兩大類。

我們最熟悉的衛星便是月球，它不僅是地球的衛星，也是人類最早知道的衛星。除了水星和金星之外，所有太陽系的行星都有天然的衛星。衛星的大小和組成成分上有很大的差別，有的完全由岩石構成，例如月球，有些則是火山或整塊的冰，如土星的冰衛星。

第一個人造衛星是「史波尼克一號」，於西元1957年由前蘇聯發射上太空，它在圍繞地球軌道飛行了三個月後，便進入大氣層自行銷毀了。後來全世界各國又發射了成千上萬個衛星到地球、金星、火星、木星、太陽以及月球上空的軌道，至今最少還有二千多個人造衛星仍在軌道上運作。

人造衛星主要被用來進行科學研究，並有通訊、氣象預測、地球資源管理以及蒐集軍事情報等用途。地球軌道上的衛星還可依照其軌道的特質分為兩大類：一是「極地軌道衛星」，一是「地球同步衛星」。

「極地軌道衛星」是指衛星環繞兩極而運行，它們

 史波尼克一號。

通常位於地球表面數百公里的上空。「地球同步衛星」又稱「靜止衛星」，它們在軌道上的運行與地球自轉同步，因此從地面上看去，衛星在空中的位置都是靜止不動的，通常位於距地球赤道3萬6000公里外的上空。

除了前蘇聯和美國之外，陸續具有發射人造衛星能力的國家還有英、法、德、日、中、印（度）和以色列等國，台灣也於西元1999年借用美國的火箭搭載升空，成功發射了第一顆人造衛星，命名為「中華衛星一號」。

11. 第一位女太空人

西元1963年6月16日，前蘇聯成功發射一艘載人太空船「東方六號」（Vostok 6）飛入太空，這次飛行的成員中有一名女性，名為捷列什科娃（Valentina Tereshkova），她和夥伴們在太空中待了將近三天，繞地球四十八圈，共飛行了七十小時四十分鐘，因此成為世界上女性飛入太空的第一位。

自從1961年前蘇聯的尤里・加加林成為第一位飛入宇宙的太空人之後，美、蘇兩國就積極地希望也能締造女性上太空的新紀錄。不過當時的性別歧視仍相當嚴

捷列什科娃。

重，婦女要在專業上獲得肯定，必須付出比男性更多的努力，而航太領域更一向被視為專屬於男性的舞台，因此當捷列什科娃以實際的行動證明女性也可以像男人一樣在太空中工作時，不僅是人類在探索宇宙的道路上邁出的一大步，也是追求兩性平等歷史上的一大里程碑。

美國在挑選女太空員人選時，訓練項目都非常嚴苛，包括在她們的耳朵裡注入冰水、要她們吞下一根長長的橡皮軟管、喝放射性的水……等，還要測試她們的身體是否能夠適應種種旋轉或傾斜的狀態，或是關在漆黑的房間中、捂住眼睛浸泡在水箱中……等等讓她們失去身體感覺的多種情況，以確認她們一旦要執行太空任務時能夠適應失重的環境。

捷列什科娃在完成這項世界矚目的太空任務之後五個月，與另一位太空人結婚，並於隔年生下一名健康的女嬰，也消除了原本科學家擔心女太空人可能會有懷孕和分娩上的問題之疑慮。

12. 年紀最大的太空人

飛向太空是人類二十世紀的重大突破，不僅能遨遊星際，太空漫步也已化幻想為實際，隨著太空人在太空站停留時間的不斷延長，未來人類移民外星球的可能

性，似乎也與日俱增。

　　不過由於每一次的太空航行計畫都是耗費巨資的專案，太空人肩負的責任也相對重大，當然在挑選太空人時自有一套非常嚴格的標準，包括一連串挑戰體能極限的訓練和心理測驗。通常能夠通過層層審核的太空人，都是年輕力壯、學有專精、足堪承受重任的太空飛行員，平均年齡多在三十歲至四十歲之間。然而美國於1998年發射升空的「發現號」（Discovery）太空梭中，卻出現了一位太空人爺爺，締造了有史以來最高齡太空人的紀錄，他是「約翰・葛倫」（John Glenn），當時任美國俄亥俄州民主黨參議員。

　　生於西元1921年的約翰・葛倫，曾參與1962年美國太空總署的「水星計劃」，是首批環繞地球軌道的太空人之一；三十六年後（西元1998年），高齡七十七歲的他搭乘「發現號」太空梭，重返太空，締造有史以來「最高齡太空人」的紀錄。當年和葛倫一同參加水星計劃的太空人謝普則已在幾個月前去世，因此也有反對聲浪質疑葛倫不適合太空旅行。

　　然而美國太空總署說，「讓葛倫上太空是研究人體在太空中變化與地球上自然老化現象之間關聯的好辦法」。也有人認為太空總署讓葛倫上陣的真正原因，主要是為了要重燃民眾對太空旅行的興趣，以便在已經沒有美蘇太空競賽的時代爭取到更多的太空預算。

第一篇

地理教室

1. 最高的山峰

世界上最高的山峰，非「珠穆朗瑪峰」莫屬。珠穆朗瑪峰又簡稱「珠峰」，她是喜馬拉雅山的主峰，山體呈現巨型金字塔狀，位於中國和尼泊爾的邊界，高度為海拔 8850 公尺，常年覆蓋著冰雪，穩居世界最高山峰的寶座。

過去珠穆朗瑪峰的公認高度是 8848 公尺，但在 1999 年 5 月，由一隊美國攀山隊利用兩部精密 GPS 儀器在珠峰頂重新測量的結果為海拔 8850 公尺，近年來已有愈來愈多人開始採用這個新的數據。

珠穆朗瑪峰的名稱來自藏語「第三女神」之意，典故源出於西藏神話故事，珠峰是由一位兼具智慧與美貌的女神幻化而成的山峰。除此之外，身為世界第一高峰的珠峰還有不少名字，英文名稱「Everest」是英國人以一位著名的駐印度英國測量師的名字來命名，之前西方世界只稱呼她為「Peak XV」。

近數十年來，珠峰也有另一個尼泊爾語的名字逐漸廣為人知，稱作「大地母神」──「薩嘎瑪莎」（Sagamatha），而我們所熟悉的「聖母峰」之名正是由

高山連綿不絕的喜馬拉雅山脈。

此意譯而得。

　　珠峰的地形極端險峻，自然環境異常複雜，在山脊峭壁之間分布著五百四十八條大陸型冰川，平均厚度達7260公尺。冰川的來源主要來自印度洋季風帶兩大積水帶積雪變質而形成。冰川上有瑰麗罕見的冰塔林，高達數十公尺的冰陡崖隨處可見，暗藏著數不清的的冰裂隙，而在冰崩雪崩區更是險象環生。上述種種險惡的條件，卻反而讓珠峰成為近百年來人類想要證明攀登能力的聖地。自從西元1841年珠峰被正式記錄下地理位置，1853年確立其世界最高峰的地位後，直到1953年才首度有人成功攀登峰頂，其間因此而喪失生命的挑戰者不知凡幾。

2. 最大的沙漠

　　位於非洲北部的「撒哈拉沙漠」，是全世界最大的沙漠。「撒哈拉」（Sahara）是阿拉伯語「大荒漠」、「空虛無物」之意。撒哈拉的地理位置位於亞特拉斯山脈和地中海以南，北緯14度以北，南北約有1600公里；西起大西洋海岸，東到紅海之濱，東西長達5600公里，橫貫非洲大陸北部，面積約960萬平方公里（相當於美國的總面積），占非洲總面積三分之一強。

　　這片世界最大的沙漠，分布範圍涵蓋了十一個非洲國家，包括西撒哈拉、摩洛哥、阿爾及利亞、突尼西亞、利比亞、埃及、茅利塔尼亞、馬利、尼日、查德和蘇丹等國。

　　撒哈拉雖然名為「沙漠」，事實上真正的沙地只占全部面積的五分之一，沙漠之外，還有礫漠和石漠（岩漠），形成撒哈拉地區多樣的地貌。

　　由於天然環境不適合人類居住，因此撒哈拉沙漠地廣人稀，總人口只有兩百萬左右，平均每平方公里不到一人居住，居民以阿拉伯人為主，主要分布在尼羅河谷地和零星綠洲從事農業生產，部分以游牧維生。

　　二十世紀五〇年代以來，由於沙漠中陸續發現豐富的石油、天然氣、鈾、鐵、錳、磷酸鹽等礦藏，隨著

撒哈拉儼然成為酷熱沙漠的代名詞。

礦產資源的大規模開採，改變了該地區一些國家的經濟面貌，如利比亞、阿爾及利亞已成為世界重要石油生產國，尼日成為重要產鈾國，沙漠中也出現了公路網、航空線和新的居住區域。

3. 最大的盆地

位於非洲中部的「剛果盆地」，面積為337萬平方公里，是全世界最大的盆地。剛果盆地原為廣闊的內陸湖，後來因為地殼上升、河流下切，造成湖水外泄而為成今日盆地的面貌。

剛果盆地大部分位於剛果民主共和國境內，少部分在剛果共和國（註）境內。盆地南北都是高原地形，東部是東非大裂谷，缺口在西部——也就是非洲第二長河剛果河的下游和河口地段。赤道線從盆地中部經過，剛果盆地包括了剛果河流域的大部分，地勢的平均高度為海拔400公尺，有相當大範圍的沼澤地。

盆地周圍的高原山地海拔超過1000公尺，外高內低的地勢使得剛果河的許多支流都匯流到盆地來，形成發達的水系。盆地的氣候屬於熱帶雨林氣候，年平均溫度在攝氏25～27度，降水量1500～2000毫米以上。

剛果盆地的景觀盡是郁郁蔥蔥的熱帶雨林，有多

種珍貴樹種和熱帶作物。盆地邊緣擁有豐富礦產，盆地中也有充沛的水資源，這些優厚的天然資源使得剛果盆地又有「中非寶石」的美稱。

註

非洲有兩個國家都以「剛果」為名，它們所在的地理位置都在非洲的中西部，兩國的國界毗鄰，很容易令人混淆，該如何分別？以下是區分這兩個國家的簡易方法：

①剛果民主共和國，簡稱「剛果」，首都是金沙薩，為了與剛果共和國區別，稱「剛果（金）」。

②剛果共和國，首都是布拉柴維爾，有時會以「剛果（布）」名稱與另一個剛果區分。

4. 最大的內陸盆地

介紹過世界上最大的盆地——剛果盆地之後，關於盆地的世界紀錄還有一項可再細分的類別。因為剛果盆地的西面缺口，是剛果河流入大西洋的河口，而中國的塔里木盆地則是完全居於內陸地區的世界最大盆地。

塔里木盆地位於中國的天山山脈和崑崙山之間，面積53萬平方公里，輪廓呈菱形，是世界最大的、全封閉性內陸盆地。盆地中部是塔克拉瑪干大沙漠，面積廣達33.7萬平方公里，是中國最大的沙漠，也是全世界

第二大流動性沙漠。

　　塔里木盆地所屬的省區是新疆省，該省為全中國面積最大的省區，約占其總面積的六分之一。新疆除了擁有世界最大的內陸盆地，西元1995年建成通車的沙漠公路，全長566公里，穿越塔克拉瑪干大沙漠，也是世界第一條沙漠公路。至於溝通新疆與西藏的新藏公路，全長1460公里，其中有1000多公里建在平均海拔超過4200公尺的高山、高原上，最高處海拔達5400公尺，則是世界上海拔最高、里程最長的公路。

5. 世紀大地震

　　2004年12月26日，印尼蘇門答臘西岸外海發生芮氏規模九點零的強烈地震，相當於一萬六千顆原子彈釋

塔里木盆地的乾旱景象。

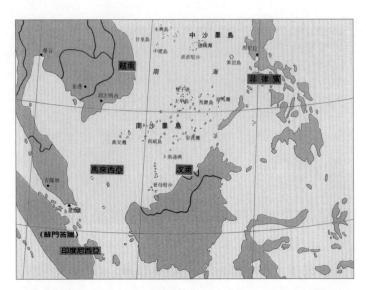

放的能量，造成地面向西南位移30公尺，上升了16公尺。震央位於鄰近印度板塊與緬甸板塊的交界，附近的安達曼群島斷層線因為強震而出現千餘公里的大裂痕。地震同時造成強烈的海嘯，使得印度洋附近的國家，均傳出傷亡消息，亞洲各國的死亡人數總計至少超過十二萬人以上，受波及的國家更遍及斯里蘭卡、印度、泰國、馬來西亞、馬爾地夫、孟加拉，甚至非洲的索馬利亞、肯亞、坦尚尼亞，北歐的瑞典亦難倖免。

以地震規模來看，這次的「印尼大地震」是近百年內的第五大地震，最大規模的地震發生在1960年的智利，規模高達芮氏九點五，是百年來地震的世界之最；第二大地震是1964年發生在阿拉斯加的威廉太子海峽，規模高達芮氏九點二；其次也是發生在阿拉斯

東南亞地圖。

加，1957 年在安德列佛諾群島的芮氏九點一，以及 1952 年俄羅斯勘察加半島的芮氏九點零。

根據美國地質調查局公布的資料，有記錄可考的近代大地震中，死亡人數最多的大地震是發生於 1556 年 1 月 23 日，地點在中國山西，達芮氏規模八點零，造成八十三萬人死亡。

為了減輕地震對人類社會的殺傷力，科學家一直致力於提升建築物的耐震度和地震的事前預測，但是地震至今仍是相當難以捉摸的天災；對於長久以來相傳的說法——動物界似具有預知地震發生的能力，也是科學家努力想解開箇中原因的目標，希望能夠作為人類預測地震發生的參考。

6. 全球平均氣溫之最

在大氣層中，有一些極微量但卻會對氣候造成相當程度影響的氣體，稱為「溫室氣體」。溫室氣體的存在可以讓地表在太陽照射微弱時暖化地表，並降低日夜溫差，這正是所謂的「溫室效應」。

溫室效應其實自古就存在，而且也同時出現在金星等其他行星上；但是自從工業革命之後，人類大量排放工業廢氣，造成人造的溫室氣體大量增加，連帶地促

使地球產生劇烈的溫室效應。根據美國國家航空及太空總署的科學家指出，全球的平均氣溫曾於西元1998年創下十九世紀有氣象紀錄以來的最高紀錄。

科學家指出，近三十年來全球平均氣溫因為溫室效應而持續上升，最明顯的地區包括阿拉斯加、裏海及南極半島等地區。造成溫室效應最大的罪魁禍首是煙囪釋出燃燒、燃煤及燃油產生的廢氣。

這些廢氣中含有大量氧化亞氮、甲烷和氟氯碳化物等「人造的溫室氣體」。與二氧化碳相比，人造溫室氣體所造成的溫室效應更高，一個甲烷分子造成的溫室效應是二氧化碳分子的二十一倍，氧化亞氮是兩百零六倍，氟氯碳化物則為數千倍到一萬多倍。

這些溫室氣體還有另一項特色，就是他們在大氣中的生命期相當漫長，一旦進入大氣中就無法回收，完全需仰賴自然過程慢慢消除。因此，即使目前立刻停止排放所有的人為溫室氣體，從工業革命以來所累積的溫室氣體，仍會持續影響地球的氣候。因此，有效控制並減緩工業廢氣的污染實是刻不容緩的全球任務。

7. 平均海拔最高的大陸

「南極洲」是世界上最高的大陸，平均高度約在海拔2127～2430公尺之間，東部南極洲的龐大冰蓋甚至可達到3494公尺的高度。

如果去除厚厚冰層的話，南極洲的平均高度約只剩下456公尺，那時看到的南極洲，將是由一塊比現在看起來小得多的大陸（即東部南極洲）和附近的一組群島所構成。至於那些目前被稱為「地」的一些地區，包括艾爾斯渥茲地（Ellsworth Land）和瑪麗伯德地（Marie Byrd Land）的大部分，屆時都將沉於海水以下。

南極洲也是最冷的大陸，內陸冰蓋上的冬季氣溫約為攝氏零下89.2度，這是西元1983年測得的世界最低氣溫；海面附近的溫度也只有攝氏零下60度；至於南極洲半島北部因為受到海洋的影響，是該洲最溫暖的地區，冬天氣溫也很少能達到攝氏11度以上。

極地高原上最冷的時候，一般都是在8月下旬，也就是太陽直射範圍自北半球南移之前。而仲夏的氣溫在南極洲半島上可以升高到攝氏15度左右，其他地區通常還是很低溫。大多數濱海地區都有猛烈的強風，有時甚至會將鬆散的雪吹揚起來，造成局部而短暫的南極雪暴。這種寒冽的強風不但是讓南極探險隊員虛弱的主要

天氣因素，有時甚至會造成探測設備（如飛機）的損毀。

南極洲雖然有大量的冰蓋，但卻是世界著名的大荒漠之一，它的大氣層由於溫度低，所含的水蒸氣大約只有溫帶大氣中水蒸氣濃度的十分之一。極地高原的年平均降水量只有大約50公釐。

8. 海拔最低的地方

位於以色列和約旦之間的內陸鹽湖——「死海」，是地球上地勢最低的地方，水面平均低於海平面約300公尺。死海的北半部屬於約旦，南半部由約旦和以色列瓜分，但在西元1967年以阿戰爭之後，以色列軍隊就一直占領著整個西岸地區。

「死海」的阿拉伯語地名和希伯來語地名皆為「鹽海」之意，它是鹽產極豐富的地區，主要蘊藏在西南岸上的塞多姆山中。這裡的鹽產自古就有少量的開採，1929年時在約旦河口曾開辦一所鉀鹼廠，後來毀於以阿戰爭中。

死海位於約旦——死海地溝的最低部，屬東非裂谷的北部延續部分。它是一塊下沉的地殼夾在兩個平行的地質斷層崖之間，西岸是猶太山地，東岸是外約旦高

原，水源來自約旦河，從北注入死海，是約旦河的盡頭。死海全長80公里，寬18公里，表面面積約為1020平方公里，最深處可達400公尺。

湖東的利桑半島將死海劃分為兩個大小深淺不同的湖盆，北面的湖盆較大，約占總表面積的四分之三左右，深約400公尺；南面的湖盆則小而淺，平均深度不到3公尺。死海的水面並非靜止不動的平面，它在西元八世紀以前，水面比二十世紀末的水平約低降35公尺；1896年時，水面升到最高水平（低於海平面389公尺），1935年後水面再度下降。

死海之名至少可追溯到希臘化時代（西元前323年至前30年）。自從亞伯拉罕（希伯來人的祖先）時代和所多瑪與蛾摩拉的毀滅（根據《舊約聖經》記載，這兩城因為罪大惡極而被天火焚燒，兩城舊址現在可能已沉入死海南部）以來，死海一直與《聖經》歷史聯繫在一起。今稱「死海古卷」的《聖經》文稿也是在此處被挖掘出來的。

9. 最大的群島

在太平洋與印度洋之間，羅列著二萬多個大小不等的島嶼，總面積將近有243萬平方公里，不論從島嶼

的數目或是總面積來看，都是世界首屈一指的群島。以其居民主要屬馬來人而得名「馬來群島」，舊名「南洋群島」。

南洋群島北起呂宋島北邊的巴坦群島，南到帝汶島南頭的羅地島，西起蘇門答臘島，東止於新幾內亞島。群島範圍南北長約3500公里，東西寬約4500公里，分屬於印度尼西亞、馬來西亞、汶萊和菲律賓等四個國家。

南洋群島為典型的熱帶環境，具有廣大的熱帶雨林與熱帶季風雨林，是世界最大的熱帶經濟作物生產基地，盛產的熱帶作物如橡膠、棕油、椰乾、蕉麻、胡椒、金雞納霜、木棉與熱帶木材等，產量皆居世界首位。

地處亞、澳兩大陸與太平洋、印度洋兩大洋之間

南洋群島的熱帶海岸風情。

的南洋群島，因爲板塊碰撞、島弧交接，除了婆羅洲外，是個多火山的地震頻繁地區。群島地處南北大陸生物種的過渡地帶，生物地理分界的華萊斯線與韋勃線縱貫群島中部，擁有亞洲與澳洲兩大陸的動植物品種；居民既有馬來人種也兼有巴布亞人種。世界海空航線在此處穿插會集，有許多具重要地位的海峽，海岸線綿長而曲折，多港灣和港口。

南洋群島約有二億一千多萬居民，占東南亞總人口數的一半以上，也是世界各大群島中人口數量之冠，開發歷史悠久，文化發達，主要城市多兼爲海河港埠，接近海洋航線，其中最大的城市是雅加達（Jakarta），有一千多萬的城市人口。

10. 最深的海溝

海溝通常是指沿著島弧或大陸海岸山脈外側延伸分布的狹長凹陷陡峭岩壁，並且具有以下特點：海溝分布在大洋的邊緣，並與大陸邊緣平行，常與弧形的列島相伴出現；海溝的垂直剖面呈不對稱的 V 字型，靠大洋的一側坡度較緩，靠大陸邊緣一側坡度較陡；海溝的平均坡度大約是 5～7 度，偶而也會有坡度在 45 度以上的斜坡；海溝位處海洋板塊與大陸板塊的交界，是兩者擠

壓碰撞而產生的特殊地形，地震活動強烈，地熱值較低，地磁場呈現正負相間的情況。

海溝呈直線或弧形，長500～4500公里，寬40～120公里，深6～11公里，一般比相鄰海底低2000公尺以上，是海洋中最深的地方，不過它卻不是在海洋的中心，而是在邊緣。世界各大洋都有海溝地形的存在，總數約有三十條，其中主要的十七條海溝中，有十四條都在太平洋西側，深度超過8公里以上的海溝，也大多集中在太平洋。世界最深點的所在地——「馬里亞納海溝」，就位於西太平洋馬里亞納群島東南側，它的最深點——「查林杰深淵」，最大深度達11,034公尺，這裡的壓力約為海平面的一千倍，遠超過人類所能承受的極限。

科學家也發現，海溝也與地震有密切關係，環太平洋的地震帶多發生在海溝附近，此乃因為海溝區的重力值比正常值要低，這也意味著海溝下面的岩石圈被迫在巨大的壓力作用下向下沉降。

11. 最大的海

世界最大的海是「珊瑚海」，它位於南半球、太平洋的西南部，它的西岸緊靠澳洲大陸的東北岸，北部和東部被伊里安島、所羅門群島、新赫布里底群島等島

嶼所環繞，南部與太平洋邊緣上的塔斯曼海銜接，海域十分遼闊，總面積將近480萬平方公里，約相當於北冰洋面積的五分之二。

北部介於伊里安島與所羅門群島之間的海域，又稱「所羅門海」。海底由西向東傾斜，交錯著若干海底盆地、海底高原和海底山脈，平均水深2394公尺，最深處可達9174公尺。

珊瑚海因為分布著世界上最大的三個珊瑚堡礁而得名，最大的珊瑚堡礁是位於澳洲東北岸外16公里到241公里處的「大堡礁」，長達2012公里；其次是位於巴布亞新幾內亞東南岸和路易西亞德群島一帶的「塔古拉堡礁」；第三是從新喀里多尼亞島向北延伸到當特爾卡斯托礁脈的「新喀里多尼亞堡礁」。珊瑚礁為海洋動植物提供了絕佳的生活和棲息條件。

所羅門群島和新赫布里底群島內側有一道狹長而深邃的海溝，是珊瑚海全海域最深的地方，最大深度就出現在這個名為「新赫布里底海溝」的地區。

珊瑚海海水總體積有1147萬立方公里，居世界各海之首。地處熱帶，氣候濕熱，最熱月（二月）平均氣溫可達攝氏28度，每年一至四月多颱風。珊瑚海的水溫由於受到暖流影響而增高，表層海水全年平均溫度在攝氏20度以上，周圍幾乎沒有河流注入，因此海水潔

透明湛藍的珊瑚海。

淨，呈深藍色，透明度高。這些都是相當有利於珊瑚蟲
生長的條件。

12. 最小的海

　　如果說世界上最大的海──珊瑚海是「海中的巨人」
的話，那麼馬爾馬拉海（Marmara Sea）就是「海中的
侏儒」了。位於土耳其西部的馬爾馬拉海，是世界上最
小的海，它的面積僅有一萬一千多平方公里，長280公
里，寬約80公里。

　　馬爾馬拉海是亞洲（土耳其）和歐洲之間的內
海，經博斯普魯斯海峽與黑海相連，經達達尼爾海峽與

濱臨世界最小海域馬爾馬拉海的伊斯坦堡。

愛琴海相通。海中有兩個獨特的群島，東北部的克孜勒島是一處旅遊勝地；位於西南方的馬爾馬拉島盛產花崗岩、石板和大理石，自古就有開採的紀錄。

根據法國及挪威兩地科學家針對馬爾馬拉海底斷層線的研究發現，馬爾馬拉海原是一座面積龐大的山谷，約在一萬年前因地中海海水淹沒山谷，並經由今日的博斯普魯斯海峽漫進黑海，造成世紀大洪水，也就是《聖經》中記載「諾亞方舟」的故事。

有關黑海地區的「世紀大洪水」，美國深海探險家也曾在 2000 年 9 月間，於土耳其北部黑海 300 公尺深的海底，發現七千五百年前人類居住的遺跡，包括一棟木造建築物、木樑、石製器具及淡水貝殼，證實黑海當時應該是淡水湖，但後來遭到大洪水侵襲而淹沒。

根據《聖經》記載，上帝為重新改造世界，命令諾亞製造一艘龐大木舟，將地面上所有動物，按種類雌雄一對對的全部帶進船艙內避難，隨後洪水淹沒地面一切，方舟則漂浮水面數月，最後停泊在一處唯一露出水面的陸地，也就是今日土耳其東部毗鄰亞美尼亞邊境的亞拉臘山。

法國及挪威探測船的發現，是有史以來關於馬爾馬拉海起源的第一手資料，也證實了美國地理學家畢特曼與萊恩在兩人合著的《挪亞大洪水》一書中陳述的理論。

13. 最深的海

　　位於太平洋最北端的水域——白令海，是世界上最深的海，外圍環繞著阿拉斯加、阿留申群島、堪察加半島和西伯利亞東半部。面積約230萬平方公里，海中島嶼很多，有阿留申群島、努尼瓦克島、聖勞倫斯島和普利比洛夫群島。國際換日線斜穿過此海。

　　白令海最深處為4191公尺，由於海水很深，漁產豐富，擁有種類相當繁多的海底生物，其中以鯨魚和海豹為著。白令海周邊的國家為了爭取海域主權，長年下來不時發生爭端，直到1893年國際法庭裁定白令海是公海的一部分，不屬於任何國家管轄，白令海爭端總算告一段落。

白令海。

白令海經白令海峽可與北冰洋相連，隔開亞洲大陸和北美洲大陸，據說在冰河時期兩大陸之間曾有陸橋相連，亞洲人種經此移民到北美洲。

　　最早行經白令海的人，是丹麥裔的俄羅斯航海家白令，為了紀念他，白令海乃以他為名。白令船長於西元 1728 年受俄皇彼得一世的命令，從西伯利亞半島出航，穿過白令海峽前往俄羅斯北方進行探勘，將西伯利亞靠北冰洋的大部分海岸地區繪製成圖，他的探險活動為俄國奠定立足北亞洲的基礎。

14. 最淺的海

　　位於烏克蘭和俄羅斯南部海岸外有個內陸海，名為「亞速海」，向南通過刻赤海峽與黑海相連。

　　亞速海表面積約 3 萬 8000 平方公里，長約 340 公里，寬 135 公里，形似不規則三角形；海水的總體積為 256 立方公里，相當於全世界最大的海（珊瑚海）的四萬五千分之一。

　　流入亞速海的河流有俄羅斯西南部的重要水道——頓河、俄羅斯西南部的灌溉水源庫班河和許多較小的河流。亞速海的西部有阿拉巴特岬角，是一片長達 113 公里的沙洲，將亞速海與錫瓦什隔開。錫瓦什是將克里米

亞半島和烏克蘭大陸隔開的沼澤水灣。

　　亞速海是全世界最淺的海，平均深度不到7公尺，最深處也只有14公尺。由於亞速海實在太淺了，一遇到大風，所有的海水連同海底的淤泥都會被風吹起來，因此它的海水總是呈現出灰黃色甚至灰黑的顏色，長期混濁不清。

　　亞速海也是一種歐鰉的棲息地之一。歐鰉是一種大型鱘，可見於裏海、黑海和亞速海，身長可達7.5公尺，重約1300公斤，不過歐鰉的肉質和魚子醬的價值，不如較小型的品種。

15. 最髒的海

　　世界知名的渡假聖地——「地中海」，是位於歐洲、非洲和亞洲之間的內陸海，面積約251萬2000平方公里，東西長約3700公里，位於西側的直布羅陀海峽可連接大西洋，通過東北邊的達達尼爾海峽、馬爾馬拉海和博斯普魯斯海峽可直達黑海，東南部的蘇伊士運河則與紅海相連。

　　地中海不僅是世界最大的內海，同時還有個不雅的封號，便是一般人難以想像到的「世界最髒的海」。根據統計，每年倒入地中海的廢水高達35億立方公

尺，固體垃圾有1.3億噸。更嚴重的是，地中海沿岸的
十八個國家──包括塞浦路斯、西班牙、法國、摩納
哥、義大利、波士尼亞、南斯拉夫、阿爾巴尼亞、希
臘、土耳其、敘利亞、黎巴嫩、巴勒斯坦、埃及、利比
亞、突尼斯、阿爾及利亞和摩洛哥，有許多都是全世界
重要的石油生產國，共有五十八個石油港口分布在此
區。這些港口在裝卸石油的時候，難免會污染海水，造
成嚴重的環境問題，也加重了地中海的骯髒程度。

地中海沿岸分布著許多港口。

16. 最長的河流

　　人類是傍水而居的物種，幾個重要的古文明，也都和河流有著密切的關係。例如：在距今四千多年前，黃河流域孕育了中華民族的燦爛文化；尼羅河沿岸有著令人目眩神迷的古埃及文明；西南亞由底格里斯和幼發拉底河沖積而成的兩河流域，是世界兩大宗教的起源地；印度河和恆河也都是人類古代文明的發祥地。而全世界最長的河流，正是上述中與埃及歷史相伴數千年的尼羅河，它的總長度為6550公里；位於非洲的亞馬遜

悠遠流長的尼羅河流經開羅市。

世界之最的故事

河則以6437公里屈居第二；中國的長江總長6300公里，是世界第三長的河流。

　　流經非洲東部與北部的尼羅河是地球上第一長河。幾千年來，尼羅河每年六至十月定期氾濫。八月分河水上漲至最高水位時，淹沒了河岸兩旁的大片田野，人們紛紛遷往高處暫住。十月以後，洪水消退，帶來了尼羅河豐沛的土壤淤泥。在這些肥沃的土壤上，人們栽培了棉花、小麥、水稻、椰棗等農作物。在乾旱的沙漠地區形成了一條「綠色走廊」。直到如今，埃及九成以上的人口均分布在尼羅河沿岸平原和三角洲地區。這樣的地理環境讓埃及人都認為，「尼羅河是上天賜給埃及的禮物」。

　　不只是尼羅河，世界各地的文明發展都指出，河水是最重要的資源之一，對於世界各地文明的出現產生極重大影響。然而令人難以想像的是，儘管全世界有許多河流，但是河流的總蓄水量僅占全球總淡水量的0.006％。由於河水在全球水循環過程中十分活躍，全球河水平均每十六天便全部更新一次，就像詩人李白所寫的詩：「君不見黃河之水天上來，奔流到海不復還。」

　　河流提供了巨大的水能資源，全世界河流水能蘊藏量達50餘億千瓦，在灌溉、航運、水產養殖、發電和旅遊等方面都有重要意義。但另一方面，河流洪水氾

濫帶來的巨大破壞至今仍然是人類的嚴重威脅。努力認識河流的水文規律，最大限度地實現對河流的控制，充分開發河流資源是一項改造自然的艱巨任務。

17. 含沙量最多的河流

俗話說：「跳到黃河洗不清」。黃河是中國第二大河（僅次於長江），也是世界上含沙量最多的河流，它的輸沙量和含沙量均居世界各大江河的首位，年平均

挾帶大量泥沙的滾滾黃河。

輸沙量有16億噸，年平均含沙量為每立方公尺37.7公斤，其河水混濁的程度，難怪會被形容成無法洗清髒污的黃水。

黃河發源於巴顏喀喇山北麓約古宗列盆地，流經青海、四川、內蒙古、陝西、山西、河南、山東等九個省分，在山東省墾利縣注入渤海，全長5464公里，流域面積超過75萬平方公里。

黃河的上游段（從源頭到內蒙古自治區托克托縣的河口鎮以上）還屬水多沙少的清水區；從河口鎮到河南省鄭州附近的桃花峪，這段1200餘公里的流程是黃河的中游地區，因為流經滿布黃土層的黃土高原，水土流失嚴重，輸沙模數大於每平方公里5000噸的面積高達14.3萬平方公里，是黃河泥沙的主要供給區。

過了桃花峪就進入黃河的下游，長780公里，這段河道地勢平坦，水流趨緩，造成泥沙在此大量淤積。黃河帶到下游的泥沙平均約有四分之一淤積在河道內，使得河床與河堤逐年增高，河面高出一般居住地面甚多，形成世界著名的「懸河」（地上河）景觀。目前黃河河床約高出大堤外地面3～5公尺，最高則到10公尺左右。

18. 最大的湖泊

位於俄羅斯南部的裏海（Caspian Sea），地處亞洲和歐洲之間，面積有37.1萬平方公里，最大深度可達995公尺。雖然名稱裡有個「海」，不過依據科學家的定義，「裏海」不是海，而是「湖」，因此裏海從原本可能是世界最小的海，一躍成為世界最大的湖泊。

裏海是一個被陸地封鎖了的內陸海，所有的河水一旦流入裏海後，就不再以任何形式流出去（包括地下水流），因此它可說是是水流的終點，符合只進不出的「內流湖」定義。

裏海原本擁有相當豐富的鱘魚數量，鱘魚的卵可用來加工製作成高單價的魚子醬，相當具有經濟價值，但是目前由於大量捕撈的結果，已嚴重影響到鱘魚的生態。環境學家建議應先完全禁止捕撈鱘魚的行為，以利鱘魚順利繁衍後代，恢復數量，才不會步上全數滅絕之途。

裏海的湖岸線長達6000公里，環繞裏海的國家和城市有：俄羅斯（達吉斯坦、卡爾梅亞、阿斯特拉罕）、阿塞拜疆、伊朗、土庫曼斯坦、哈撒克斯坦，並有中亞大草原環繞著裏海的北部和東部。

裏海水域中有五十多個島嶼，它的地位和其沿岸的五個國家之間的水域邊界一直充滿爭議。尤其裏海的

地層裡蘊含著豐富的石油資源，這也使得邊界問題更形棘手和複雜。

另外，根據地質學家的研究，百年來裏海的水面曾多次上升和下降。目前水面低於海平面約28公尺，然俄羅斯的史學家表示，裏海曾於中世紀發生水面上升的情況，並且導致部分沿海城鎮因此而被淹沒。

19. 最大的淡水湖群

位於北美洲中東部，美國和加拿大之間的「五大湖」是世界上最大的淡水湖群，包括蘇必略湖、密西根湖、休倫湖、伊利湖和安大略湖。其中除了密西根湖完全位於美國境內外，其餘均為美、加兩國共有，湖區總面積達24.5萬平方公里，其中約有三分之二在美國境內。

五大湖中，伊利湖的湖地較淺，最大深度只有64公尺，其他大湖的湖地都低於海平面，最大深度均超過200公尺，湖水平均深度為99公尺，總蓄水量為2.28萬立方公里。

不包括湖面在內的流域面積有50.88萬平方公里，範圍廣及美國紐約州、俄亥俄州、印第安納州、伊利諾州、威斯康辛州、明尼蘇達州、密西根州和加拿大的安

大略省。根據研究顯示，五大湖是距今約七千年至三千兩百年前，由於冰川退縮而逐步形成的冰蝕湖。

湖面地勢由西向東呈階梯式下降，水流方向也從西向東流，通過聖勞倫斯河注入大西洋。五大湖按其所在位置，由西向東依序爲蘇必略湖、密西根湖、休倫湖、伊利湖和安大略湖（面積最小）。其中面積最大且最深的蘇必略湖，是世界上最大的淡水湖。

五大湖接納幾百條小河、小溪注入，湖泊水源主要依靠降水補給，水量相當豐富，對湖區氣候具有明顯的調節作用。特別是湖區東岸與鄰近地區相比，顯得夏涼多溫；且降水較多，無霜期較長，有利於果樹栽培。

五大湖及其周圍地區的自然資源也很豐富，航運價值高，是北美洲最大的航運系統，對美、加兩國經濟發展具有巨大推動力。

20. 最寬的瀑布

世界最寬的瀑布是位於南美洲的「伊瓜蘇瀑布」，它雄踞在伊瓜蘇河下游，靠近阿根廷與巴西的國界邊境。這個舊稱爲「維多利亞瀑布」的伊瓜蘇瀑布，是在西元 1541 年，由一位名叫卡韋薩‧德巴卡的西班牙探險家首先發現的。

伊瓜蘇瀑布高82公尺，寬約4000公尺，俯瞰呈馬蹄形，比位於美國和加拿大邊境的尼加拉瀑布寬四倍，約分為二百七十五股急流或瀉瀑。為了保護壯麗的景色和動植物生態，巴西和阿根廷兩國都在二十世紀初期，各自建立了一個伊瓜蘇國家公園。

　　伊瓜蘇河流經巴西南部和阿根廷東北部，在阿根廷、巴西和巴拉圭三國交界處注入巴拉那河。伊瓜蘇河雖有部分河段可以通航，但它主要是因其本身的壯麗而著名於世。靠近瀑布的主要河段突然陷落到一個裂口，稱為「魔鬼之喉」，經過這邊被當地人形容為「入地獄之海」，可以想見其氣勢是如何震撼人心！

伊瓜蘇瀑布的壯闊景象。

第二篇

動物園

1. 奔跑速度最快的動物

印度豹可以說是天生最完美的跑者，牠們奔跑的速度每小時可達110公里，而且從零加速到每小時110公里只需要兩、三秒的時間。更令人嘆為觀止的是，印度豹甚至可以在時速50公里的奔跑中，一步內完全停下來，這種機動能力連最先進的汽車製造工程師也百思不得其解。

印度豹的平均壽命約在十二年以上，懷孕期大約三個月，每胎可產二至八隻小豹，目前是瀕臨絕種的保育類動物。南亞和非洲的叢林原本曾是印度豹的樂園，但自二十世紀以來人類無情且毫無節制的獵殺，使得印度豹的數量從十萬多隻銳減到一萬隻左右。更諷刺的是，在印度當地已幾乎完全看不到印度豹的足跡。而在非洲的奈米比亞，印度豹的數目約有三千頭，但是由於牠們會襲擊家畜作為食物，因而往往招致人類的獵殺。

為了解決這個問題，保育人士嘗試引進安納托利亞牧羊犬。這種原產於土耳其的大型犬，身型高大，體重可達75公斤，跟這種牧羊犬比起來，平均體重大約在30～50公斤左右的印度豹，就成了相對弱小的動物。飼養這種大型牧羊犬，可作為看守家畜的保護者以及印度豹的剋星。

瀕臨絕種的印度豹。

除此之外，人們還會將「偷吃」被逮的印度豹，餵食含有氯化物的牛肉，在吃了這種牛肉之後，印度豹會生一場大病，以後就會記取教訓，不會再對牛肉感興趣了。

　　自從複製羊桃莉誕生之後，複製生物的成功率逐漸提升，印度目前正嘗試想要複製印度豹，以達成在野外復育的目標。

2. 最大的動物

　　藍鯨是一種帶有淡色斑點的藍灰色鬚鯨，學名「Balaenoptera musculus」，也稱為「硫底鯨」——因為有些個體身上長有淺黃色的矽藻，呈現出硫黃色而得名，是世界上現存已知最大型的動物，最長可達35公尺（身長平均25公尺），最大重量高達150公噸。

　　藍鯨是鯨類動物的一種，鯨類動物是史前有蹄動物的一支，原為陸棲哺乳類動物，後來返回海洋中，現在反而不能在陸地上生活了。所有鯨類動物的身體外形

□ 藍鯨。

都呈錐狀，鼻孔在頭頂，體內廢氣會由身體一個叫做「噴水孔」的開口噴出，原有的「蹄」、後腿已完全退化，前腿則進化爲鰭。

藍鯨常是單獨或以小群，棲息在各大洋之中。根據美國國家海洋與大氣管理局（NOAA）的研究，目前全球大約有一萬兩千隻藍鯨，其中約有兩千隻生活在加州附近海域，其他的藍鯨則分布在西太平洋海域、北極海海域、印度洋海域以及南極洲附近海域，牠們以磷蝦爲食，一天大概可以吃掉四噸的磷蝦，會在南極或北極滯留度過炎熱的夏天，冬季則游向赤道地帶、墨西哥和哥斯大黎加附近海域過冬並繁衍後代。母藍鯨在七個月的哺乳期間，體重每星期約減少一公噸。

在十九世紀六〇年代到二十世紀六〇年代，藍鯨是商業性捕鯨的重要對象，遭到極大量的捕殺，這一時期大約有三十五萬隻藍鯨被獵殺，光是阿拉斯加附近海域就獵殺了數千隻之多。目前藍鯨已被列爲需要特別保護的瀕絕物種。

3. 最毒的動物

根據國際野生動物組織所列舉的「世界上最毒的動物」清單中，最毒的動物首推生長於澳洲沿海的「方水

母」，牠用以捕食小動物的觸手具有劇毒，如果不小心碰到牠的觸手或是被牠蜇到，只需三十秒鐘就能使人斃命。

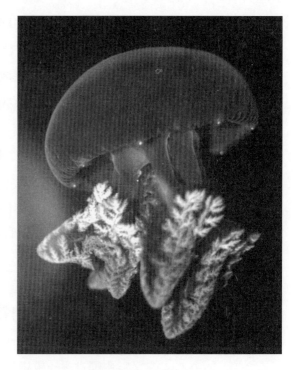

水母是一種非常漂亮的水中生物，牠雖然沒有脊椎，但身體卻可以長得非常龐大，有些種類甚至長到直徑 1.8 公尺。「毒」名昭彰的方水母，俗稱「箱水母」，又叫「海黃蜂」，屬腔腸動物，主要生長在澳洲東北沿海水域。

成年的箱水母，體積有足球那麼大，外形呈近乎透明的蘑菇狀，身後拖著六十幾條帶狀觸手，這正是牠足以致人於死的武器，觸手上布滿幾十億個毒囊和毒針，毒量足以殺死二十個人，毒性之大可見一斑。

方水母的毒液主要是破壞心臟機能，當牠的毒液侵入到人的心臟時，會破壞肌體細胞跳動節奏的一致性，而使心臟無法正常供血，導致人體迅速死亡。

另外，由英國、澳洲、前蘇聯、美國、法國、義

水母的毒刺往往會引起人類身體的劇痛感。

大利、日本等十九個國家的科學家共同評選出十種動物
屬「世界毒王」的名單裡，澳洲方水母仍舊位居榜首。
而且這十種動物裡就有七種是產於澳洲，包括方水母、
海蛇、藍環章魚、漏斗型蜘蛛、泰斑蛇、褐色網狀蛇
等。

　　反倒是一般人印象中的毒王——眼鏡王蛇和非洲毒
蛇，儘管牠們惡名昭彰，給予世人的印象非常負面，但
在致人於死的有毒生物排行榜上，仍排不上第一名，因
為牠們只在遭受攻擊時才會咬人。

4.最大的兩棲動物

　　產於中國貴州一帶和黃河流域的娃娃魚，雖然名
為「魚」，且能像魚一樣生活在水中，但牠其實不是魚
類，而是一種生活在淡水的兩棲動物，與青蛙、蟾蜍同
類。

　　娃娃魚的身體呈棕褐色，皮膚滑潤柔軟無鱗片，
特別的是牠還長了四隻腳，頭呈扁圓且寬，嘴巴很大，
上下顎還長了細細的牙齒。娃娃魚的學名是「大鯢」，
或叫做「鯢魚」，因為牠能像魚一樣生活在水中，而且
叫聲聽起來像嬰兒的哭聲，因此被稱為「娃娃魚」。

　　娃娃魚的眼睛很小，長在頭部的上面，還有一條

左右側扁扁的尾巴，整體看起來就像一隻超大型的壁虎，又像鯰魚。娃娃魚一般身長約一公尺左右，體重約有5、6公斤，不過最大的娃娃魚可達1.8公尺，是世界上現在有尾兩棲類中，體型最大的一種。

娃娃魚主要生活在山區水流清澈湍急的溪流中，或棲息在岩洞或石縫裡，白天睡覺，夜晚出來活動。通常在夏末產卵，每次可產五百粒左右，半個月到一個月後就能孵化出來。

娃娃魚雖然名為「娃娃」，實際上可是性格凶猛的肉食動物，主要以蟹、蛙、魚、蛇、鱉或鳥、鼠類為食，飢餓缺食時也吃比自己弱小個體的同類。牠的牙齒不能咀嚼，都是張開大口將食物囫圇吞下，然後在胃裡慢慢消化。牠的壽命雖不及海龜、鱷魚那麼長，卻也可以活到一百二十年以上。娃娃魚跟青蛙等兩棲類動物一樣，冬天時禁食進入冬眠。

娃娃魚的肉質肥嫩鮮美，營養價值極高，自古以來被人們視為珍品。但也因此遭到濫捕濫殺，導致娃娃魚瀕臨滅絕。目前娃娃魚已被中國列為國家二類保護動物，除了嚴禁捕殺外，也規劃了自然保護區積極保育繁衍。

5. 妊娠期最長的哺乳類動物

象是地球上體型最龐大的陸地動物，屬於長鼻目象科，共有兩屬（非洲象屬和亞洲象屬）及三種（亞洲象只有一種，也叫「印度象」；非洲象有兩種：普通非洲象和森林象）。雄象和雌象在體形或身體特性上都有所不同，是所謂「二態性」。

雄性非洲象肩高約3公尺，重約5000～6000公斤，雌性體形稍小一些，肩高約2.5公尺，體重約介於3000～3500公斤左右。象是哺乳類中懷孕期最長的動物，非洲母象的妊娠期平均約為二十二個月，亞洲象的妊娠期平均也有六百零九天（超過二十個月），每四至九年會產下一胎，雙胞胎的情況較為罕見。小象出生時大約重80～120公斤，在三歲時左右斷奶，但會與母象一同生活八至十年。

早期非洲象居住在撒哈拉沙漠以南地區，後來由於人類的過度捕殺和農業用地不斷地擴張，非洲象數量大減，現在只棲息在國家公園和保護區的森林、矮樹叢

依偎在母象旁的小象。

和熱帶大草原。

象的平均壽命約有六十至七十年，人工飼養的大象比野生象壽命更長，是哺乳類中最長壽的動物。

6. 駱駝之最

在日夜溫差極大的沙漠地區，面對水源稀少、太陽炙熱的惡劣環境，駱駝可以說是人類最重要的經濟動物。常見的駱駝有雙峰駝和單峰駝兩種，是人類在沙漠中的主要交通工具，能夠負重高達250～300公斤，以4公里的時速，每天行走40公里，非常適合長途跋涉和供人騎乘。

常見於西亞與非洲地區的單峰駱駝。

駱駝素有「沙漠之舟」的美名，因為牠的身體機能非常能夠適應沙漠環境，可以連續好幾天不喝水，運載人們和貨物通過最乾燥的地區。即使損失相當於體重百分之三十的水分，牠們仍然可以忍受而無顯著痛苦，因失去的多是來自肌肉組織的水分，對血液影響不大。試想若是人類，在這種情況下早就性命垂危了。

　　相對於人類來說，一隻脫水而消瘦的駱駝，可以一口氣喝下大約三十加侖的水，而不會有「水中毒」的危險。但對一個呈脫水狀態的人來說，如果用同樣的急速來補充失去的水分，就會造成死亡。這是因為駱駝的紅血球外形呈卵狀，能夠因應突然增加的水分，快速地膨脹成球形而不致破裂，很快便能回復正常的體重──駱駝喝水通常只是為了補回因失水而減輕的體重。

　　至於駱駝的能量來源，則是儲存在駝峰裡。駱駝的駝峰裡儲存的是脂肪，而不是水。當牠們找不到足夠的食物時，就會消耗駝峰裡的脂肪來代替。另一方面，又因為具有絕緣作用的脂肪都集中在駝峰，身上其他的部位就可以將體熱盡量散發出去，降低出汗量，以避免在炎熱的沙漠地區讓身體中寶貴的水分無謂地流失。

7. 貓咪之最

「貓」是貓科食肉哺乳動物的統稱，包括了「真貓」（豹屬和貓屬）以及「獵豹」（獵豹屬），舉凡獅、虎、豹等猛禽，都算是廣義的「貓」。至於一般人所認知的「貓」，指的則是人類從三千五百年前開始豢養的家貓（domestic cat）。

家貓屬於食肉目貓科中的馴化種，雖然仍保有大型野貓的特性，但是毛色和體型大小則和大型貓有很大的差異。品種可大分為短毛和長毛，雄貓體長可達71公斤，雌貓大約只有51公分；一般家貓的體重大約介於2.5～4.5公斤之譜，然而街貓（無血統證明的家貓）卻可重達13公斤。

【最重的貓】──澳洲曾有隻叫做「希米」的家貓，牠的體重高達21.3公斤，最後死於呼吸衰竭，活了十歲零四個月。

【最輕的貓】──美國愛達荷州有一隻泰國雜種貓，當牠出生二十三個月後，體重仍只有790公克。

【最長壽的貓】──貓一般來說比狗的壽命長，在家庭餵養的情況下，如果營養充足、醫療條件佳，雄貓

常見的斑貓。

大約可活十三至十五歲，未曾交配的雌貓平均壽命爲十五至十七歲，而被閹割的貓又比平均壽命長一至兩年。根據記載，世界上最長壽的貓，應該是一隻英國的斑貓，名叫「普斯」，牠在 1939 年 11 月 28 日慶祝三十六歲生日，並於生日過後第二天去世。

【最會生的貓媽媽】——在美國德州有一隻生於 1935 年、名叫「達斯蒂」的斑貓，牠在育齡期間總共生了四百二十隻小貓。

8. 最大的鳥類

「駝鳥」是現存體形最大的鳥類，兩翼因退化而不具飛行能力。駝鳥產於非洲，屬於鳥綱駝鳥目駝鳥科動物。它的外形特徵爲長頸和兩趾，雄鳥約高 2.5 公尺，重量可達 155 公斤，體羽大部分呈黑色，但翅和尾有白羽；雌鳥稍爲矮小一點，大部分呈褐色。

駝鳥常集結五至五十隻成群生活，屬於雜食性動物，以植物

奔跑中的駝鳥。

為主食，吃漿果和肉莖植物，偶而也吃些爬蟲和昆蟲。由於駝鳥龐大的身軀可供散熱的表面積很少，因此體熱多靠羽毛稀少的頭頸部來散熱。牠們比一般鳥類更能忍受缺水的環境，有水時再大量喝水，以補回流失的水分。

駝鳥實行一雄多雌制，每隻雄鳥與三至五隻雌鳥交配。雄鳥求偶時，會有明顯的誇耀行為，把翅膀尖端的白羽很有節奏地展開和收斂，並且發出低沉的叫聲。同屬一隻雄駝鳥的雌鳥群，會把卵產在同一個窩裡，每個共同巢大約會有十五至六十枚卵，並且由雄雌鳥輪流孵育，雄鳥負責夜間時段，白天則由各雌鳥輪換。駝鳥的孵化期約四十天，剛孵化出來的雛駝鳥身高大約12吋，一個月大的雛鳥就能夠跟著成鳥在原野上奔跑。

成年駝鳥奔跑的時速可達 70～80 公里，雙腿強健有力，能夠闊步邁進，足部有二趾，其中一趾為強爪，因此更形肥大，每步都可以抓緊堅實的地面。駝鳥的視力很好，甚至可以看見兩公里外的敵人。

駝鳥遇到危險時，常臥於地上僅伸出長頸，或是將頭埋於沙中，可謂其一大特色。由於駝鳥的肉、皮、毛、羽、蛋、骨等都可以加工利用，而目前也漸漸發展為具有高度經濟效益的產業。

9. 最小的鳥類

蜂鳥體長大約 5～20 公分，重約 2～20 公克，有著比身體還長的尖喙，主要以吸食花蜜維生，屬於蜂鳥科，羽毛色澤鮮明，非常細緻漂亮。

蜂鳥集中分布在中美洲和南美洲海拔 1500 公尺以上的高原地區，尤其是東西海岸的島嶼上。這些地方雨量充沛、森林茂密，一年四季鮮花盛開，是蜂鳥的天堂，可以見到相當多的蜂鳥種類。美國和加拿大地區目前常見的蜂鳥種類約有十二種，古巴蜂鳥是已知現存最小的鳥類。

由於蜂鳥以花蜜為主食，因此生活在不同地區的蜂鳥，會因為植物種類和花形花冠的不同，使得牠們的尖喙部分呈現極大的差異──比如劍嘴蜂鳥的喙像一把尖細的長劍，最長可達 13 釐米，是身長的一倍；鐮嘴蜂鳥的喙宛如一把彎彎的鐮刀；隱士蜂鳥的喙微微彎曲，看起來像是一把長刀；而翹嘴蜂鳥和反嘴蜂鳥的喙，則奇特地像鉤一般向上翹起。

蜂鳥的進食方式和一般鳥類大不相同，也造就了令科學家們嘖嘖稱奇的飛行技術，牠們能原位不動地停

模樣輕巧可愛的蜂鳥。

留在花前，將喙準確地插入花萼取食花蜜或昆蟲。蜂鳥的舌頭也很特別，是呈縱向裂開，一分爲二，捲起來就成了一根吸管。吸完蜜汁後，因爲蜂鳥的喙很長，無法直接轉頭移向另一朵花，因此牠除了能夠敏捷地上飛、下飛和側飛之外，還能夠倒著飛行，將插入花萼的長喙抽出來。

蜂鳥飛行時，雙翅以極快的速度上下揮動，最高可在一秒內快速拍動翅膀八十下，飛行時速可以達到180公里。這些令人嘆爲觀止的飛行特技，應該是蜂鳥本能爲了適應環境求生存，長期下來所逐漸形成的。

10. 最會模仿聲音的鳥

澳洲的國鳥——「琴鳥」（Lyrebird），雌鳥雖然長得其貌不揚，有點像是一般的野雞，常在陸地上行走。琴鳥的頭部呈黑褐色，面頰呈藍鉛色，身上的羽毛是暗褐色略帶點灰色。雄琴鳥通常有著一對華美無比的長尾羽，平時拖在身後彎曲如弓，分向左右，求愛時尾羽直豎開展後像極了希臘的一種七弦琴，因此得名，外型與孔雀也有幾分相近。

常棲息在澳洲昆士蘭到維多利亞灌木林中的琴鳥，和袋鼠一樣是澳洲特有的動物，雄琴鳥的聲音十分

悅耳動聽，並且能夠可以發出四十多種音調，因此不但可模仿二十種不同鳥類叫聲，甚至人聲和器械聲也行，堪稱是「最會模仿聲音的鳥」。

雄琴鳥在求偶的季節會放聲高歌，吸引雌鳥目光，有時為了唱贏競爭對手，甚至會模仿一些特殊的聲音，像是相機快門聲（想必牠常是遊客相機的拍攝主角）或汽車喇叭聲，甚至是人們在灌木林中工作時使用的鏈鋸聲等，都是牠模仿的題材，音域之廣，實在令人嘖嘖稱奇。

雄琴鳥不但能歌，還擅長舞蹈，當牠殷勤地向雌鳥求歡示愛時，會先清理出一塊約一平方公尺的場地，然後一面鳴唱，一面抖動著七弦琴似的尾巴，翩翩起舞，希望藉此贏得芳心。有時牠也使用鳴叫聲來驅離闖進自己地盤的入侵者。

琴鳥的主食是昆蟲、蠕蟲和蛆等害蟲，對人類而言可說是一種益鳥。由於繁殖速度緩慢，數量稀少，且因牠的美麗動人，深受當地人的珍愛和保護，與袋鼠和鴯苗並稱為「澳洲的三大國寶」。澳洲政府發行的十分錢硬幣背面，就有一隻尾羽高高豎起的琴鳥哩！

11. 最會裝潢布置的鳥

　　在進行有性繁殖的動物中，向異性炫耀自己的美麗是很常見的求偶形式，特別是鳥類。鳥類的求偶炫耀行為，有時可以持續幾小時，甚至幾天之久。鳴叫或展示鮮艷的體色等都是相當常見的求偶行為，不過產於澳洲和新幾內亞等地的園丁鳥，則另有不同的求偶方式。

　　園丁鳥的雄鳥不靠悅耳動聽的戀歌或華麗的婚紗羽毛來吸引異性，而是努力發揮其景觀設計師般的園藝天賦和高超的建築藝術才能，藉著設計建造一個美麗的新婚洞房和求偶舞池，來贏得雌鳥的芳心，因此也得到「園丁鳥」的美稱，可以說是最會裝潢布置的鳥類。

　　成熟的園丁鳥雄鳥為了求偶，會先花費四個月之久的時間，精心建造一個漂亮的新房。新房一般會座落

園丁鳥。

於小樹根旁，用樹葉、小樹枝、鮮花、果殼、鵝卵石爲建材，高度最高可達到兩公尺多。

新房的側面會有一、兩個洞口，在洞前空地上再布滿青色的苔蘚，有時還會鋪上一層費心採集回來的貝殼、花朵、蘑菇、鸚鵡羽毛，或是撿來的刀、叉、牙刷、眼鏡、錢幣等等，一眼望去好像一個色彩鮮艷的小小展覽會場。

新房建成後，雄鳥就開始在空地上不停地跳舞，並發出悅耳的鳴叫聲，邀請雌鳥的光臨。爲了增加「婚禮」的喜慶氣氛，有時還會邀請琴鳥充當現場伴奏的樂隊，他們合作無間的賣力演出，在鳥類中實屬罕見。當有雌鳥被吸引過來觀看時，雄鳥不但舞跳得更起勁，還會不斷地叼起各項陳列在地面的裝飾品，好讓雌鳥仔細鑑賞。如果雄鳥這些行爲感動了雌鳥，他們就會進入洞房交配，好完成傳宗接代的使命。

不過雌鳥在交配後就會馬上離開，另覓合適的地點築巢、產卵和孵育雛鳥，而雄鳥則繼續守衛和裝飾牠苦心經營的新房，等待下一位「新娘」的到來，維持其「一夫多妻」的婚配制度。至於園丁鳥爲什麼會發展出這樣特殊的求偶方式、雌鳥爲何會以「單親」模式撫育後代等疑問，至今仍是鳥類研究中不得而知的難題。

12. 孵化期最長的鳥類

　　卵生動物所需要的孵化期長短不一，家禽類的雞蛋孵化期大約是二十一天，鵝蛋大約三十一天，鳥類中孵化期最短的代表是啄木鳥和黑嘴杜鵑，只需要十天就夠了。

　　信天翁是一種巨型海鳥，每年只產一枚蛋，是產卵最少的鳥類，不但如此，信天翁還是世界上孵化期最長的鳥類，需要七十五至八十二天左右，是鳥類中孵化期最長的。

　　小信天翁孵化出來之後，生長的速度也很緩慢。特別是體型較大的種類，雛鳥需要三個月到十個月的時間，羽毛才會長得豐滿，才能開始學習飛行，然後還得再經過五到十年之後，雛鳥的發育才會達到性成熟階段，跟上一代一樣飛到陸地上去生兒育女。

信天翁是巨型海鳥的一種。

信天翁除了在繁殖期之外，極少在陸地上停留，通常牠們都是成群結隊地飛到遙遠的海島上去，並且將巢築在迎風的山坡上，以利於起飛的方便。身長能達一公尺多的信天翁，體重約有8、9公斤，是相當擅於滑翔的鳥類之一，可以一次飛行數千公里不需休息。

　　有風的時候，信天翁可以一連幾個鐘頭停留在高空，用牠那對又長又窄的翅膀，巧妙地利用海面的氣流，像滑翔機一樣高速翻飛，在短短一小時裡，可以橫越百餘公里的海面。無風的時候，就難以支撐牠龐大的身體，只好浮在水面上。

　　信天翁以魷魚作為主食，口渴時喝海水解渴，有時候牠們也跟隨船隻航行，吃一些船上拋下來的食物。信天翁喜歡狂風巨浪的天氣，因為這時牠們可以借風勢飛得更輕鬆，有經驗的水手都知道，當信天翁出現的時候，那裡的天氣就要起變化了。

13. 最會放電的魚

　　生活在亞馬遜河、圭亞納河一帶的「電鰻」，是世界上最會放電的魚。電鰻在分類上屬於硬骨魚綱、電鰻目的大電鰻科，體型似鰻且有發電器官，因此得名，是南美洲特有的淡水魚類。

電鰻體長可超過2公尺，重量可達20公斤，體表光滑無鱗，背部為黑色，腹部為橙黃色，沒有背鰭和腹鰭，臀鰭特別長，是主要的游泳器官。電鰻的發電能力很強，是魚類生物中放電能力最強的淡水魚，輸出的電壓可達300～800伏特，電流可達一安培，因此有「水中高壓電」之稱。藉著自身發出的電力，電鰻可以將蛙、魚等其他動物麻痺甚至電死後予以捕食，還能使水分解產生氧氣，以調節水中含氧量不足的情況。電鰻所釋放的電力有時足以擊斃體型比牠巨大的動物，例如正在河裡涉水的馬或是游泳的牛，都有可能被電鰻電昏，其電力之強，連人類都得畏懼三分。

電鰻的發電器是由多達六千多個特殊肌肉組織薄片構成的，分布在身體兩側的肌肉內，由結締組織在這些薄片之間間隔著，並且密布著神經網絡。魚體尾端為正級，頭部是負級，當牠面對生存的需要（如捕食）或是遭到刺激或攻擊時，電流就會從尾部流向頭部。

若以電池為比喻，電鰻體內有許多像是小型電池的細胞，當神經信號啟動時，這些小電池就會串聯起來，每個約有15伏特的電力，因此電鰻的頭尾之間就產生出很高的電壓。

14. 壽命最短的昆蟲

我們常用「朝生暮死」來形容蜉蝣生命的短暫，不過昆蟲通常又分幼蟲期和成蟲期，壽命的長短不太容易有個劃一的標準，單以成蟲期來比較的話，世界上壽命最短的昆蟲的確非「蜉蝣」莫屬。

蜉蝣是有翅綱之下的一目，目前已知全世界的蜉蝣目有兩千一百餘種，通稱「蜉蝣」。蜉蝣屬於中小型昆蟲，頭小體軟弱，有膜質翅二對或一對，通常是前翅大後翅小，腹部末端有長尾鬚兩條。

蜉蝣的稚蟲（不完全變態的水生昆蟲的幼期稱為「稚蟲」）生活在淡水湖或溪流中，可作為魚類和多種動物的美食，主要分布在熱帶至溫帶的廣大地區，受氣溫、地質、水質和流水速度的影響很大。因此根據稚蟲對水域的適應與要求，可用於監測水域類型和污染程度。

由於蜉蝣是屬於原變態類的水生昆蟲，牠的稚蟲期可達數月到一年以上，須蛻皮二十次以上，最多可達四十次。稚蟲發展到成蟲之間還有一個階段，稱為「亞成蟲」。當稚蟲充分成長後，會浮升到水面，或爬到水邊石塊或植物莖上，日落後羽化為亞成蟲。亞成蟲與成蟲相似，已具有發達的翅，但體色暗淡，翅不透明，後緣有明顯的緣毛，雄性的抱握器彎曲不大。亞成蟲出水

後大約經過二十四小時左右蛻皮為成蟲。這種在個體發育中出現成蟲體態後繼續蛻皮的現象，在有翅昆蟲中為蜉蝣目所僅有，此種變態類型稱為「原變態」。

蜉蝣的成蟲因口器已退化，不能取食，所以壽命很短，一般只活數小時至數天，其主要任務就是完成交配，雄蟲在交配完後，很快就結束了生命；雌蟲產完卵完成了傳代任務後，也隨即死於水面，成為魚類和青蛙的餌料。

15. 會飛的蛇

鳥類會飛不稀奇，老鼠飛翔在枝頭也不是太令人驚訝的新聞，不過你知道世上還有一種會飛的蛇嗎？

分布在印度和東南亞低地熱帶雨林中，有一種體長約一公尺多的「天堂樹蛇」，牠不但會爬樹、游泳、挖洞，還是罕見的「飛蛇」！在飛行前，天堂樹蛇會靠著牠腹部堅硬的鱗片，靈活地攀附樹節等凸出部分，先爬到高處的樹枝上，再用尾巴鉤住樹枝，並挺直身體，看起來有點像字母「J」，接著猛地一彈，就從樹枝上飛下來。

很早以前就有科學家注意到有蛇會展現出類似飛行的動作，美國芝加哥大學的研究人員在經過六年的潛

心研究，才終於發現了天堂樹蛇「飛翔」的奧祕。他們在新加坡動物園的地上搭起一座10公尺高、外形偽裝成樹枝的架子，並且在不同角度各安置了許多攝影機，當天堂樹蛇從架上飛下來的時候，那些攝影機拍攝了許多牠在空中的姿態，透過這些照片的拼湊，才得以弄清楚天堂樹蛇的「輕功祕訣」。

在飛行過程中，蛇身會不停地扭動，呈現「S」形，彷彿在空氣中游泳一樣。天堂樹蛇每次飛行的航程可以超過100公尺，還能在空中做近乎90度的垂直轉彎，這種功夫實在令人嘆為觀止。

跟其他會飛的「非鳥類」動物（如飛鼠或飛蜥蜴）不同，天堂樹蛇並沒有翼膜等輔助結構，牠憑藉的是紮紮實實的「輕功」。在飛行（嚴格說起來是「滑翔」）過程中，牠們平均每秒收縮腹部一次，使整個身體從原本的圓體變得扁平，像一個倒扣的「U」型管，發揮如同降落傘的效果，在下降過程中增加空氣對身體的阻力，延長飛行時間。

天堂樹蛇由於能夠在短時間內跨越較長遠的距離，這項天賦異秉的本事讓牠在捕食和躲避天敵方面占有很大優勢，因此「蛇」丁興旺。還好牠的毒牙很短，毒性也不是很強，只能對付蜥蜴、青蛙、鳥類等小動物，對人類不造成什麼威脅。

第四篇

植物園

1. 壽命最短與最長的植物

在植物王國中，植物的壽命長短落差極大，既有像銀杏、松、柏、杉、檜等類可以存活上百甚至上千年的老壽星，也有一些只能活幾個禮拜、幾個月甚至數天的短命植物。

藉由種子繁殖的植物中，壽命最短暫的，莫過於一種生長於撒哈拉沙漠中的菊科植物——「短命菊」。由於沙漠乾旱少雨，短命菊的種子只要有一點點雨水的滋潤，就會馬上發芽生長，以趕在大旱來臨之前，匆忙迅速地完成短暫的生命週期，即「發芽→生根→生長→開花→結果→死亡」的全過程。

如此短暫的生命週期，其實正是植物為了適應環境求生存的一種本能表現，否則的話，在沙漠那種嚴苛的環境中，短命菊恐怕早就不見蹤影了。

至於俗話說：「人生七十古來稀」，人類若能活上百歲，就稱得上是人瑞了，但是對於許多壽命動輒上百年的樹木而言，人類的「長壽」實在微不足道。一般而言，針葉植物比闊葉植物的壽命來得長，像杏樹、柿樹，平均可以生長超過百年；柑、橘等果樹可以活三百年；杉樹甚至可以活一千歲；至於台灣阿里山上最老的紅檜，根據估算大約已有三千年的歷史了。

不過世界上最老的樹還不在上述之列，北非那利

群島的俄爾他島上曾有一棵龍血樹，五百年前經由西班牙人的鑑定，估計約有八千至一萬歲，它才是植物界中的「超級彭祖」。可惜在西元1868年的一場風災中，這棵龍血樹不幸被摧毀了，不過它創下的最長壽紀錄目前仍無「樹」可敵。

在美國加州的沙漠中有一種名為「木餾」的灌木，則是地球上現存最長壽的植物。根據放射性碳元素的分析，目前仍活著的「木餾」，可能都已經存活一萬年之久，稱得上是「活化石」。

2. 年代最久的植物

根據地質學家的研究，地球上現存的各種綠色植物，它們的共同老祖宗就是最早出現的綠色植物——「藍藻」。

「藍藻」是藍藻門植物的統稱，一般又分為藍球藻、肋球藻、地管藻、念珠藻和多列藻五個目，共約兩千個分類單位。從目前在南非古沉積岩中所尋獲最早的藍藻類化石研判，藍藻在地球上至少已存在三十億年，是年代最久遠的放氧生物。它是能夠進行光合作用的原核生物，對地球表面從無氧變為有氧環境起了巨大的作用。古代藍藻的樣子和今日藍球藻的模樣仍有些相似。

藍藻的出現，在植物進化史上也占有相當關鍵性的地位，因為藍藻具有葉綠素，能製造養分並獨立進行繁殖。今日放眼所見的花草樹木等植物，都是由低等的藍藻，經過幾億、幾十億年的時間進化而成的。

　　藍藻的分布很廣，不論是淡水或海水、潮濕或乾旱的土壤、岩石上、樹幹和樹葉以及溫泉、冰雪，甚至在鹽滷池或岩石縫等處，都可以見到藍藻的蹤跡。有些藍藻還可以穿入鈣質岩石或鈣質皮殼中生活，具有極強的適應性；特別是在熱帶、亞熱帶的中性或微鹼性的環境下，它的生命力特別旺盛。

　　藍藻也具有強大的抗逆性，能耐乾旱，有些乾燥的標本在貯存百年之後，居然還能夠保持活力；有些藍藻甚至能在水溫高達攝氏76度的溫泉中生長繁殖，有些則可以經得起攝氏零下35度的低溫環境；即使在過度飽和的鹽水中，藍藻也可以生長，因此，藍藻常是一切植物的先鋒部隊。

　　有些藍藻還可以作為農作物的氮肥源、魚和家禽等的飼料，或直接供人類食用。但是水中的藍藻如果繁殖過量，則會導致水質敗壞，進而對水產養殖業和環境造成危害。一些有毒突變種分泌的毒素以及腐藻分解時散發的腐臭，也會影響飲用水源的水質，使人畜中毒。

3. 陸地上最長的植物

在非洲熱帶雨林中，有一種能將大樹纏繞無數圈的「白藤」，可以說是陸地上最長的植物。從根部到頂部，白藤可以生長達 300 公尺，最高紀錄甚至可以達到 400 公尺。

白藤的頂部長著一束羽毛狀的葉子，葉面還長著尖刺；莖很細，大約只約 4～5 公分，但長滿了又大又尖、往下彎的硬刺，看起來像是一條帶刺的長鞭，在隨風搖擺的過程中，只要一碰到大樹，就會緊緊地攀住樹幹不放，並且很快地長出一束又一束的新葉，順著樹幹繼續往上爬，而下方的葉子則慢慢脫落。

當白藤爬到樹頂的時候，仍會繼續地生長，但因為已沒有可供附著的樹幹，於是它的長莖就往下垂，仍以大樹當作支柱，團團地纏繞住樹身，形成無數怪異的圈圈。

白藤除了常見於非洲熱帶雨林，也盛產於中國雲南一帶，它可以用來當作家具原料，加工製造成藤椅、藤床、藤籃等日用品。

4.最大的花

俗話說：「人比花嬌」，大自然界的花朵，常帶給人賞心悅目的享受，不過植物界有一特殊品種的花，不但花朵是全世界最大的，還會發出腐臭的味道，實在很難將它和印象中總是嬌艷欲滴的鮮花聯想在一起。

在蘇門答臘、婆羅洲一帶的熱帶雨林中，生長著一種世界上最大朵的花，名為「大王花」。大王花的稱號並非浪得虛名，它直徑有一公尺多，最大紀錄可達126公分，重量約6～7公斤，每朵花有五片粉紅色綴有淡黃斑點的花瓣，每片長30～40公分，花中央的圓口蜜槽直徑約33公分，高約30公分，稱它為「花中大王」真是一點也不為過。

大王花是大花草科的寄生草本植物，靠著菌絲般

大王花。

的構造寄生在藤類植物上，開花後會散發出腐臭的味道，當地人甚至稱它為「腐屍花」，不過它的臭味其實是用來吸引幫它傳播花粉的蠅類。大王花的花期僅有四天，花期結束後就會崩塌成一坨黑色的黏性物質。

　　大王花的果實也不小，直徑約為15公分，外型呈球體狀，具有木質化、棕色的表面，並有乳白色、可口、富脂肪的果肉，以及上千顆紅棕色的種子。當松鼠前來享用大王花的果實時，用爪子抓果肉，種子就會藉由動物的爪子、皮毛或糞便傳播出去。

5. 最小的花

　　俗名叫做「卵萍」、「蕪萍」、「微萍」或「水蚤萍」的「無根萍」，是世界上最小的花，屬於「浮萍科」植物，看起來就像浮在水面上的綠色魚卵，體積大約僅0.2～0.4公釐，開花只有針尖般大小。因為外觀很小，所以非常容易藉由青蛙、水鳥或是風力，傳播到很遠的地方去。

　　無根萍的整個植物體極度簡化，呈現頂面扁的橢圓球體，已退化到沒有

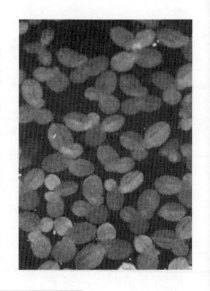

無根萍。

根、莖、葉的區別，也沒有輸導用的維管束組織，主要靠側面的芽囊直接進行無性繁殖，以長出新的葉狀體。

　　無根萍在繁殖時，葉狀體上方凹陷形成「花腔」的洞，長出一枚雌蕊和一枚雄蕊，沒有花瓣、花萼。雌蕊首先成熟後，將柱頭伸出花腔，等雌蕊異花受粉或未受精枯萎後，雄蕊才會成熟伸出花腔，從花藥散放出像口紅般鮮豔的橘紅色花粉粒，待雌蕊發育成果實後，雄蕊也功成身退地萎縮，如此便完成了無根萍的繁殖過程，最快甚至可在三十小時內產生子代。

　　無根萍總共享有三項「世界之最」的紀錄，不但是世界上最小的開花植物，也是花冠最小的植物，同時還是世界上果實最小的植物。

6. 花序最大的木本植物

　　花序，如同果實、根、莖、葉、芽、花…等，是植物器官中的一項，指的是花排列於花枝（花序梗）上的方式，像蓮花、芍藥、南瓜等草本植物的花朵，是一朵朵生在花枝上的；另外像是小麥、水稻、向日葵等的花朵，則是許多花，按一定形式和順序地生長在花枝上，稱為「花序」。花序又可按照開花順序的先後，分為無限花序和有限花序。

在木本植物中，產於印度的巨掌棕櫚，擁有世界上最大的花序，這種棕櫚比其他棕櫚的生長速度來得緩慢許多，要費時三十至四十年才能長到 20 公尺高。這時候在它的頂端會開出極爲龐大的圓錐形花序，是木本植物中最大的花序，可以高達 14 公尺，基底直徑也有 12 公尺，花序上的花數超過七十萬個，看起來就像一個大稻殼堆。

巨掌棕櫚開花以後，不久就會死去。巨掌棕櫚的花序之大，不但在木本植物中稱霸，就是在植物界中，也是其他植物難以望其項背的。

7. 花序最大的草本植物

在亞洲印尼蘇門答臘的熱帶雨林中，生長著一種多年生的草本植物，叫做「巨花蒟蒻」。巨花蒟蒻的個子並不高，屬於天南星科，是「芋頭」、「海芋」的近親，也有「巨魔芋」的別稱。它的莖只有半公尺左右，但是當它成熟時，會在莖頂伸出一枝強健的肉穗花序，如同倒立百褶裙的佛焰苞，其中密布著數以千計的黃色雄花和雌花。

巨花蒟蒻的花序外面的苞片外表呈現深綠色，內爲紅色。整個花序和花序下的莖連起來，很像一座蠟燭

台，不過這是一個巨大的蠟燭台，高度範圍為 2.1～3.6 公尺，直徑也有 0.9～1.3 公尺。這麼大的花序，是草本植物的冠軍，連站立在一旁的成人都顯得渺小。

　　巨花蒟蒻通常七年才開一次花，花期也只有短短兩天的時間。它的果實為一顆顆直徑達 15 公分的猩紅色巨大漿果，而其葉柄可高達 6 公尺，完全展開的葉子可橫跨 4.5 公尺的範圍。

8. 生長最慢和最快的樹木

　　植物界裡樹木的生長速度，相差有如天壤之別，有的慢得出奇，有些則是快得驚人。像是生長在喀拉哈里沙漠的「爾威茲加樹」，它的生長速度極慢，樹身矮小，樹冠呈圓形，從正面看起來，就像沙地裡的小圓桌。由於沙漠地區水分稀少，地土乾旱風又大，造就了它超龜速的生長速度，平均一百年才長高 30 公分。

　　在木本植物中，生長快速的種類其實不少。從橫向生長來看，速度最快的是泡桐，七年生的泡桐，樹幹直徑已可達到 50 公分。如果從縱向生長來看，最快的應該是「毛竹」，毛竹竹筍在生長高峰期，每天可以長高一公尺。

　　毛竹又稱「楠竹」，是具有經濟效益的竹材，它

的繁殖主要依賴根部竹鞭上的芽，每年3月嫩芽生長發育成竹筍。毛竹從出筍到竹子長成，只需要兩個月的時間，就可以長到六、七層樓高，約有20公尺。若以生長最慢的爾威茲加樹來和毛竹相比，爾威茲加樹生長三百年的高度，只相當於毛竹一天新增的高度。

不過竹子的生長和樹木不同，竹子是一節一節地往上抽長，竹筍有多少節和多粗，長成的竹子節數和粗度就和竹筍一樣；竹子一旦長成，高度就不再改變了。但是樹木的生長，則是由幼嫩的芽尖，以緩慢的速度加粗伸長，經過數十年甚至上百年，它還會慢慢地加粗長高。

9. 不怕火燒的樹木

森林可以說是地球之肺，透過白天的光合作用，為全人類製造源源不絕的氧氣。然而星星之火可以燎原，數百年才能長成的大片森林，往往能在數小時的祝融肆虐下付之一炬。

不過，世界上也有不怕火燒的樹木，生長於中國海南一帶的「海松」即是一例。海松具有極佳的散熱能力，而且木質堅硬，能夠耐得住高溫的考驗。因此以海松的木材做成的煙斗，可以禁得起長年累月的煙熏火

燒，不會燒壞。

海松更神奇的地方是，如果在海松木上纏上一根頭髮，再用火柴去燒，海松的散熱力甚至可以保護頭髮不被燒斷。

另外還有一種叫做「葉松」的樹種，也具有不怕火燒的本領，因為葉松的樹幹外面包裹著一層幾乎不含樹脂的粗皮。這層厚厚的樹皮很難被燒透，大火只能把它的表皮烤糊，而裡面的組織卻不會被破壞；即使樹幹被燒傷了，它也能自行分泌出一種棕色透明的樹脂，將樹身上的傷口塗抹遮蓋，隨後凝固，讓一些常趁火打劫的真菌、病毒和害蟲無隙可入。

這種說來神奇的本領，說穿了其實也不足為奇，只是這些物種在漫長的進化過程中，逐漸形成的一種自我保護能力。

10. 最毒的樹

世界上最毒的樹，光聽其名就令人膽戰心驚——「見血封喉」！

「見血封喉」，為桑科見血封喉屬植物，又名「箭毒木」，是世界上木本植物中最毒的樹。這個見血封喉屬共有四種植物，生長在亞洲和非洲的熱帶地區，皆含

有劇毒的乳汁。

　　箭毒木是高大的常綠喬木，樹高可達30餘公尺，樹體的白色乳汁中含有多種有毒物質，當這些毒汁從傷口進入人體時，就會引起肌肉鬆弛、血液凝固、心臟跳動趨緩，最後導致心跳停止而死亡。若將毒汁塗在利器上，用來刺傷人或動物，也會造成立即的死亡，所以叫做「見血封喉」。

　　箭毒木的莖幹基部具有從樹幹各側向四周生長的高大板根，春夏之際會開花，秋季結出一顆顆像小梨子一樣的果實，成熟時呈紫黑色。它的果實味道極苦，含毒素，不能食用，人如果誤食了箭毒木的果實，會造成心臟麻痺，以致停止跳動而死亡。如果被箭毒木的乳汁濺到眼睛裡，也會立刻喪失視力。

　　儘管殺傷力很強，不過箭毒木的毒液並不適合用來塗在箭頭上捕獵。因為被塗有這種毒液之毒箭射死的野獸，不論是老虎、豹或野豬，牠們的肉都會因具有毒性而無法食用，人一旦吃了也會中毒而死。

　　目前科學家已經發現見血封喉的毒液具有強心、加速心律以及增加心血輸出量的功用，在醫藥學上具有研究和開發價值。此外，其粗厚的樹皮具有豐富纖維，柔軟且具彈性，只要先除去毒性後捶鬆晒乾，就可以作為舒適耐用的床墊。

11. 最奇特的結果特性

在植物世界中，大多數植物都是在地上開花結果，但落花生卻有著奇特的結果習性，它在地上開花，卻在地面下結果，所以又有「土豆」、「地豆」之名。

我們一般所指的花生，指的是蝶形花科植物落花生的種子，它的別名還有「長生果」、「香豆」、「落地松」、「香芋」等多種別名，也有「乾果之王」的雅號，味美可口，營養豐富，既可作為乾鮮果品食用，還可以榨油；花生的仁、種皮、果殼、葉、莖、油都是珍貴的藥材，可以用來治病。

花生通常在夏秋之交於田野間綻放蝶形小黃花，不同於其他植物開花、結果通常在同一部位發生，落花生的花是開放在地表上，等到受精作用以後，子房落地鑽入地下而結果；而且落花生要在陰暗地底下結的果實才能豐滿結實，在光線充足的地上反而長得不好，這也跟一般植物需要日照的特性很不一樣。

12. 最長壽的種子

「繁衍後代」是地球上各種生物最基本的本能，植物也不例外。雖然植物不會移動，但是它們可以透過無

性生殖、出芽或分生的方式，複製出與本株相同的子株，有些植物則是透過種子來繁衍。

無性生殖在演化上具有一定的風險，因爲子株與本株具有完全相同的遺傳物質，一旦大環境產生重大改變時，就可能有全數滅種的危機。藉助「種子」進行有性生殖可說是植物繁衍後代的精巧設計，當植物接收到父系和母系的遺傳因子，並重新組合後，產生出具有不同遺傳組合的「種子」，縱使環境再多變，也可能有部分子株能夠適應地生存下來，並且繼續繁衍它們的後代。

不過，就像植物有一定的生命週期，種子的壽命也有年限。嚴格來說，種子的壽命是指種子的活動力在一定環境條件下，所保持的最長期限。超過這個期限後，種子就喪失了萌芽生長的能力。

世界上發現壽命最長的種子是 1976 年在北美肯河岩洞中發現的「羽扁豆種子」，經測定它的年齡已有一萬七千年之久；至於日本也曾發現兩千多年前的大豆，雖然大多數的大豆均已碳化，但仍有一粒種子在經過浸水之後，居然萌發出新芽，並長出幾片嫩葉。中國曾於遼寧省發現一些古蓮子，經培育後發芽率可高達 96％，經過放射性碳十四的測定，推論這些蓮子的年齡介於八百三十至一千兩百五十歲之間，可說是非常長壽的種子。

13. 最凶猛的植物

在植物王國裡，像豬籠草、毛氈苔、捕蠅草……等這些能吃動物的肉食性植物並不足為奇，對昆蟲而言，這些肉食性植物的確具有致命的吸引力和攻擊性，不過對人類而言，還不足以構成威脅。但是生長於印尼爪哇島上一種名叫「奠柏」的樹，卻具有相當駭人的攻擊性，是世界上最凶猛的食人植物。

奠柏是由許多柔軟的枝條所構成，平時這些枝條是任意舒展著的，一旦有人或動物不小心碰觸到任一枝條，奠柏就好像得到了警報，馬上動員其他的枝條像蛇一樣地纏繞過來，把人或獸緊緊地捲住，而且愈捲愈緊，使之無法脫身，然後奠柏會分泌一種具有強烈腐蝕性的膠狀汁液，可以把到手的獵物慢慢分解掉。飽餐一頓之後，奠柏的枝條會再重新舒展，靜靜等候下一個獵物上門。

雖然奠柏的凶猛足以對人類構成生命威脅，但是當地人不但不想砍伐，反而還極力地加以保護，因為奠柏的樹液是可以作為藥材和工業原料的天然珍寶，具有相當高的經濟價值，只不過需要冒著生命危險才能採集到奠柏的樹液。

為了降低採集的風險，當地人已經摸索出一套因應之道：他們會先用一筐鮮魚去餵樹，趁著奠柏分泌汁

液時趕快採集，而且當它吃完鮮魚大餐之後，即使再有
人碰觸到枝條，吃飽喝足的奠柏也懶得再「動手動腳」
了，凶猛性降低許多。

14. 吸水性最強的植物

「泥炭蘚」是世界上吸水力
最強的植物，原絲體呈片狀，植
物體柔軟，平時呈灰綠色，乾燥
時呈黃白色或灰白色，高可達數
公分而呈墊狀生長。泥炭蘚的莖
很纖細，單生或稀分枝，表皮細
胞大形，無色，有時具水孔和螺
紋。

泥炭蘚適合生長於高山和
林地的沼澤中，或是經常有滴水
的岩壁下窪地及草叢內。泥炭蘚植物含有碳水化合物、
胺基酸、殼甾醇、木質蠟醇、欖香精、單醣和雙醣等；
如果在森林地區繁殖過量，往往會形成高位或低位沼
澤，進而導致森林的毀滅。

泥炭蘚可以吸蓄自身重量的二十至二十五倍的水
分，其吸水力是脫脂棉的兩倍以上。第一次世界大戰的

泥炭蘚。

時候，因為藥棉嚴重缺乏，加拿大、英國、義大利等國就曾利用泥炭蘚類植物的吸水特性，代替棉花製作敷料；而且泥炭蘚富含具有收斂和殺菌作用的丁香醛、泥炭蘚酚及多種酶，作為傷口敷料時，有促進傷口癒合的功效。

由泥炭蘚和其他植物長期沉積後形成的泥炭，也有其獨特的價值。這些泥炭每噸的燃料熱量相當於半噸的煤。同時也可用來作為長途運輸種苗、花卉時的最佳包裝材料。

在早期的植物學教科書上曾有因泥炭蘚的生態習性多見於沼澤地，而稱之為「水蘚」，不過為了避免中文命名上的混淆，現在「水蘚」一名專用來指「Fontinales」屬的植物。

15. 最能忍受紫外線照射的植物

太陽光是地球上絕大部分生物能量的來源，也是形成臭氧層的原動力。太陽光的光譜從紫外線一直延伸到紅外線，以能量分布來說，主要是在狹窄的可見光線波段，占了50％，其他則為7％的紫外線和43％的紅外線。

紫外線雖然只占區區7％，但是卻幾乎對所有生物

都有影響，特別是微生物，如果受到一定劑量的紫外線照射，十幾分鐘就會被殺死，因此許多醫院和工廠常使用紫外線來進行殺菌。

紫外線不但可以殺菌，也是人類皮膚的殺手。雖然陽光可以幫助人體形成維他命Ｄ，有助於骨骼的發育，但是不當地過度曝曬在陽光下，陽光中的紫外線會造成皮膚曬黑、曬傷、產生皺紋等傷害，甚至會形成皮膚癌。

對植物而言，紫外線同樣也具有殺傷力。根據科學家的研究，如果使用相當於火星表面的紫外線強度，來照射各種植物，番茄、豌豆等作物只要三到四小時就會死去；黑麥、小麥、玉米等可以承受大約六十到一百小時的曝曬。

在這項研究中發現，最能忍受紫外線照射的植物，首推生長於南歐的「黑松」。南歐黑松在紫外線的照射下，可以歷經六百三十五個小時仍舊存活，是目前已知對紫外線忍受能力最強的植物。科學家估計，像南歐黑松這樣的植物，能夠在火星上存活一個季節。這個發現也間接支持了，在地球以外的行星（如火星）上有生物存在的可能性。

第五篇

人類館

1. 一天握手次數最多的人

　　相信讀過近代史的人對羅斯福總統都不會陌生，在台北有一條路就是爲了紀念羅斯福總統，而取名爲「羅斯福路」呢！

　　在美國兩百多年的歷史上總共出現過兩位羅斯福總統，一位是第二十六任的狄奧多‧羅斯福，另一位則是第三十二任的富蘭克林‧羅斯福。他們倆位雖非父子關係，不過卻也眞的有一點關聯，因爲小羅斯福總統的妻子安娜正是老羅斯福總統的姪女。

　　老羅斯福總統在他的任期內，擁有不少項世界第

①老羅斯福總統。②小羅斯福總統。

`1` `2`

一的紀錄，像是因為調停日俄戰爭，促進世界和平有功，而成為美國歷屆總統中贏得諾貝爾和平獎（1906年）殊榮的第一人，也是第一位乘坐汽車和飛機的美國總統。此外，他還有一項被登入金氏世界紀錄的特殊經驗，據稱1907年在白宮新年酒會裡，老羅斯福總統曾和八千五百一十三個人握手，是世界上社交場合中「一天握手次數最多的人」。

2. 指甲最長的人

　　一般而言，每個人的手指頭末稍從出生以來就覆蓋著指甲。指甲、牙齒與骨頭，都是人體最堅硬的部分。指甲具有保護脆弱的、布滿神經的指尖免於受損傷的功能，同時有助於增加指尖觸覺與對小物體的控制。

　　正常的指甲，由於指甲下皮層內布滿毛細血管，血液供應充分而呈桃紅色。指甲中含有百分之十的水分。手指甲的生長速度，平均每星期生長0.5～1.2公釐，大約是腳指生長速度的四倍。較高的溫度有利於加速指甲生長，所以指甲在夏天時的生長速度較快；生活在溫暖的南方也會比生活在北方的人的指甲生長得更快一些；指甲在白天的生長速度也比晚上快。金氏世界紀錄中，指甲最長的紀錄出現在印度這個熱帶國家似乎也

就不足爲奇了。

　　1998年7月，一位住在印度孟買東南方的普那（Poona）城市的男子「Shridhar Chillal」，以他蓄留了四十八年之久、長達6.15公尺的左手五隻手指甲，締造了世界紀錄。

　　爲了能夠盡量照常完成生活中的小大瑣事，他沒有同時留長右手的指甲，然而隨著左手指甲的不斷生長，他爲了要締造「全世界指甲最長」的紀錄，也付上了不小的代價：異常的指甲長度不只外型不太美觀，蜷曲地像條附著在手指上的長蟲，而且指甲的重量甚至也傷害到他左耳的聽覺神經而導致耳聾，不過他還是以自己能夠締造一項世界紀錄而自豪。

3. 鬍鬚最長的人

　　男性步入青春期後，因爲睪丸逐漸發育成熟，體內男性荷爾蒙的作用也愈來愈明顯，此時通常會開始出現第二性徵，包括聲帶變粗、男性特有的汗味和面貌特徵以及長出細軟的鬍鬚；隨著無數次的刮除再長出鬍鬚的過程，鬍鬚的毛髮開始變得粗硬。長鬍鬚的部位血管分布比頭髮根部多，養分也較容易得到，因此鬍鬚長得比頭髮快，一個成年男子的鬍鬚生長速度，大約是每天

0.4 公釐左右，一年大約可以達到 14 公分長。

　　金氏世界紀錄裡，鬍鬚最長的紀錄是一位印度人「Shamsher Singh」於 1997 年創下。從他的下巴測量到鬍鬚的末端，共有 1.83 公尺長，這是由「活人」創下的最長紀錄。如果把先人創下的紀錄也包括在內的話，1967 年曾發現一具屍體的鬍鬚居然長達 5.33 公尺。

　　雖然鬍鬚是男性的第二性徵，不過近年來也有研究發現，鬍鬚具有吸附物質的特性，因此人在呼吸時排出的一些有害物質，可能會因此而滯留在鬍子上；大氣中有些重金屬微粒，尤其在車水馬龍的街頭上，汽、機車排放出來的廢氣裡，也有許多燃燒不完全的有毒物質，都可能被鬍鬚吸附；癮君子在吞雲吐霧之際，煙霧中的致癌物質也會有部分停留在鬍鬚上。這些滯留在鬍鬚上的有害物質，可能又會隨著人的呼吸作用，被吸回呼吸道。

　　除此之外，生長鬍鬚的皮膚表面往往也有較旺盛的油脂分泌，平時用清水洗臉時又往往較難清洗乾淨，因此容易黏附灰塵或微生物。看來蓄留過長的鬍鬚，似乎對於維持個人衛生易產生負面影響。

4. 年齡最大的產婦

　　一般女性通常在十三歲左右進入青春發育期後，卵巢發育成熟，開始週期性的排卵，並且有月經來潮，此時就具有生育能力。這段具有生育能力的育齡期間約長達三十多年，直到更年期（四十五歲至五十五歲左右）到來，生育能力逐漸衰退，最後月經停止，生殖器官功能萎縮，生育能力就完全喪失了。醫學上認定，女性在二十五歲至三十五歲之間，是生殖能力最旺盛的黃金時期，也是最佳的生育年齡。

　　不過，世界上最高齡的產婦，卻在2005年1月16日再度刷新紀錄，由羅馬尼亞一位年近六十七歲的退休女教授，打破了2004年一名印度女教師以六十五歲高齡產下一名男嬰的紀錄，當然也超越了金氏世界紀錄裡承認的兩名六十三歲生產的高齡產婦紀錄。

　　這位「全世界最高齡的產婦」──雅德麗亞娜‧伊利艾斯古，是在羅馬尼亞首都布加勒斯一家婦產科醫院進行剖腹生產，順利產下一名三十三週大的女嬰。為了一償懷孕生子的心願，這名六十六歲的大學教授兼童書作家伊利艾斯古，從九年前開始在這家婦產科醫院接受不孕症治療，這是她第三度使用年輕男女捐贈的精子和卵子，進行人工受孕。

　　院方透露，產婦原本懷的是三胞胎，不過其中一

個胚胎在受孕九週後就夭折了，三十二週時又發現一名胎兒停止心跳，爲了母體的安全和挽救最後一名胎兒的生命，只好於妊娠三十三週時緊急開刀。倖存的小女嬰因爲早產六週，體重只有一千四百多克，因此立刻被送進加護病房的保溫箱中，不過她已經可以自行呼吸。

　　至於爲這麼高齡的婦女進行人工受孕，是否有道德爭議，由於羅馬尼亞法律沒有限制人工生殖的年齡上限，醫師也不願對高齡產婦的道德爭議表示任何意見。

5. 年齡最小的產婦

　　雖然女性的生殖器官大約要到十三歲左右才逐漸成熟，不過這個平均年齡又因爲環境、種族、營養等外在因素而有不同，合理的範圍大約是十歲至十五歲之間。由於醫學上認爲女性在二十歲至三十歲之間的身心發展較爲成熟，是最適合生育的年齡，因此將二十歲以下的懷孕，稱爲「青春期懷孕」（adolescents pregnancy 或 teens pregnancy）。

　　根據產科聖經《威廉氏產科學》中記載，醫學史上被確認的「最年輕的產婦」，是一名叫琳娜（Lina Medina）的祕魯女孩；1939年，當時年僅五歲的琳

青春期的少女。

娜，在祕魯的利馬市剖腹產下一名男嬰，男嬰以執行剖腹產手術的醫師命名，取名為吉拉杜（Gerardo），琳娜成為全世界年紀最小的母親。

　　吉拉杜一直到十歲才知道琳娜是他的生母。他於十八歲結婚，生下兩個女兒——也就是說，琳娜二十三歲就當外婆了！可惜吉拉杜英年早逝，四十歲時即因病身故。他的早逝是否和他母親生他時才年僅五歲有關，目前並沒有明確的研究可以證明。不過醫學上有愈來愈多的文獻和研究數據顯示，女性過早有性行為會增加子宮頸癌的罹患率，而且過早生育也的確會對母體和嬰兒產生不利的影響。

　　琳娜長大後結婚又產下一子，距離她第一次生產已有三十三年之久。她的第二個兒子目前定居在墨西哥。

6. 體重最輕的存活早產兒

　　從人類的精子和卵子結合成受精卵算起，歷經胚胎成長和發展成為胎兒，一直到生產（分娩）的過程，需時約二百六十六天，也就是三十八週。一般婦產科醫生則是採用孕婦最後一次月經的第一天來估算懷孕週數，整個孕程大約是二百八十天，也就是四十週，陰曆

十個月，陽曆九個月又多一週，通常母體懷孕三十七週後出生的胎兒就算是足月生產。

如果胎兒早於二十週娩出母體，通常無法存活，也就是「流產」，懷孕週數介於二十一週至三十六週出生的寶寶稱為「早產兒」。由於醫學科技的進步，二十九週以上出生的胎兒存活率已經可以超過90％，二十三週大的早產兒存活率則不到8％，可以說是目前早產兒存活的極限。

美國芝加哥一名二十六週大的早產兒，2004年9月19日出生時體重僅有243.8公克，還沒有一罐汽水重，創下全世界體重最輕的存活早產兒紀錄。

至於現存年紀最長的最輕體重早產兒，也是出現在美國芝加哥同一所醫學中心。這名二十七週大就出生的「巴掌仙子」，1989年6月出生時體重只有280公克，如今已經是亭亭玉立的少女了，除了個子嬌小了一點（136公分），其他方面的發育都相當正常。

台灣最小的早產兒則是2004年1月7日出生於台大醫院的小女嬰，出生時只有二十五週大，體重有432公克，歷經了半年多的住院治療，終於在7月28日健康地回家，也創下了台灣最低出生體重早產兒出院的紀錄。

7. 出生體重最重的巨嬰

　　以華人社會統計所得的數據為例，初生嬰兒的平均體重大約為3200公克，女嬰又比男嬰稍微輕一些。如果初生嬰兒體重超過4500公克，就可以算是巨大胎兒，發生原因常與營養過剩、遺傳因素、糖尿病或過期妊娠（懷孕超過四十二週）有關。

　　目前世界上初生嬰兒體重最重的紀錄，出現在義大利，發生的原因就與遺傳有很大的關係。在義大利佛羅倫斯有一對夫婦，他們兩人的體重加起來將近990公斤，號稱是「世界上體重最重的夫妻」，他們在2003年2月產下一子，「虎父無犬子」的俗諺果然不假，這個嬰兒出生時的體重就高達13公斤，比一般滿周歲幼兒的體重（約10公斤）還重，堪稱是新生兒體重的世界之最。

　　這個「小」嬰兒出生後的成長速度仍然相當地驚人，六個月大時他的體重已經有將近60公斤，身量看起來甚至比九歲的小孩還要大。

　　主治的婦產科醫師表示，因過度肥胖者懷孕的風險較高，所以之前都建議他們不要懷孕，然而這對夫婦竟然可以成功受孕，並且順利生下巨嬰，實在是醫學上的奇蹟。

 一般體重的出生嬰孩。

不過最近也有醫學統計發現，出生體重較重的嬰兒，未來的成長發育過程會有較高的健康風險，可能要面臨膽固醇或與其相關的心臟問題。因此，婦產科醫師們莫不高聲疾呼：「巨嬰不是福！」每一位即將成為母親的女性，還是應該從懷孕前就做好健康及體重管理，懷孕期間維持均衡的飲食、適當的運動，並避免菸酒的攝取，對於自己和寶寶的長期健康，都具有關鍵性的影響。

8. 第一個試管嬰兒

人類藉著生兒育女以繁衍後代似乎是件天經地義的事情，但是有些夫婦卻因某些已知或未知的原因而苦於無法自然受孕。在醫學科技不斷進步的時代背景下，有些原本被醫界宣判永遠無法生育的夫婦，因著生殖技術的日新月異，竟然也能一圓為人父母的心願。「試管嬰兒」正是人工生殖史上的一大里程碑。

1978 年 7 月 26 日，全世界第一個試管嬰兒——路易絲・布朗呱呱落地，一時之間她不僅引起各國科學家的熱烈關切和討論，也成為全世界矚目的焦點。路易絲的父親約翰・布朗是英國火車司機，他和妻子結婚多年後一直無法生育，經過醫生細心的檢查後發現，布朗太

太的卵子未在輸卵管內停留，直接被輸送到子宮中去
了，導致無法讓精子和卵子如同正常受精情況一般，先
在輸卵管中形成受精卵，再到子宮壁著床，發育二百八
十天後娩出嬰兒。

　　布朗夫婦的醫生在確認布朗太太的卵巢是健康
的，排出的卵細胞也是成熟的，唯一受孕的障礙就是沒
有機會在輸卵管中受精。他大膽地推論，如果將布朗太
太體內成熟健康的卵細胞取出來，讓它在母體外人工受
精，成為受精卵，再放回子宮中著床發育，不就可以成
功地孕育新生命了嗎？

　　他的想法得到布朗夫婦的同意，雖然這項手術在
當時而言是相當複雜而富爭議性的，但是醫療團隊成功
地讓布朗夫婦的精子和卵子在特製的培養液中受精，並
於受精六天後，將由受精卵分裂而成一個多細胞的胚
胎，放回布朗太太的子宮中，經過正常的妊娠過程，布
朗太太順利地產下一名女嬰，取名為路易絲・布朗。

　　這名全世界最早的試管嬰兒不但健康地長大，各
項發育和表現也和一般孩子沒有兩樣，並且於 2004 年 9
月結婚。目前全世界至少已有超過一百萬名試管嬰兒誕
生。

9. 遍體紋身的男人

　　在今日台灣社會，刺青總是容易令人聯想到黑幫老大或不良少年，其實在這塊土地上早年的紋身行為僅出現在原住民族群中。泰雅族人本身即有在臉部刺青的傳統，稱為「黥面」——男子必須在戰場或打獵時有英勇的表現，女子則需有姣好的面貌及織布的本領，才有資格黥面。在其他民族中，紋身刺青通常都具有其象徵意義。

　　後來在日治時代，開始有人模仿日本武士紋身，用以彰顯自己的勇武性格，而這群人多是道上兄弟，且在監獄中形成一種次文化，所以才使得台灣社會對原本中性的「紋身」行為產生負面聯想。

　　根據歷史的記載，早在古埃及時代就有「紋身」或稱「刺青」這項藝術。紋身的方式是藉著針頭，將有色顏料刺入皮膚表皮，使針頭所刻劃的圖案可以長期存留在皮膚上。常見的刺青圖案不一而足，有人刻字、有人摹畫各式圖騰，而世界上紋身最多的男人則出現在英國的蘇格蘭地區。

　　這位創造了世界紀錄的老兄名叫湯姆・李帕德（Tom Leppard），是一位退休的軍人，他全身上下有99.9％的部分都刺滿了豹紋般的圖騰，唯一例外的部位就是他的耳朵和腳趾間的皮膚。而根據他豐富的刺青經

驗發現，在身體的骨頭關節部位刺青的痛苦是最難忍受的，像是手肘、腳踝和膝蓋這些地方。

目前，身體刺青部位最多的這項世界紀錄，是由這位湯姆先生和另一位澳洲的街頭表演者拉奇·理奇（Lucky Rich）共同保持，兩人的身體都有將近100％的刺青圖案。

10. 最會減肥的男人

扣除少數陷於戰亂或饑荒的國家或地區之外，「減肥」似乎已成為目前全球風潮。不但減肥、瘦身相關產業如雨後春筍般興盛，在巴西還由總統擔任代言人，發起全民健身運動，期待鼓勵民眾多健走，以改善全國有四成人口過於肥胖的情況；加拿大甚至還傳出有政界人士提議，要以「減稅」來鼓勵民眾多運動，希望民眾透過運動降低普遍肥胖的問題，同時減少健保醫療體系因此而造成的沉重負荷。

的確，醫療科技雖然不斷進步，但是「肥胖」這種文明病對人體健康的威脅卻與日俱增，而且愈是先進國家，受威脅的程度愈高。

在金氏世界紀錄中，最會減肥的（男）人是一位美國人，他透過嚴密的飲食計劃，每天只攝食1200卡

路里，在十六個月之內，從原本635公斤的體重，減到216公斤，相當每個月減少22.05公斤，締造了全世界最會減肥的紀錄。

　　反觀目前的減肥市場上，充斥著琳琅滿目的瘦身食品，常令人眼花瞭亂；可是根據醫學界的報導，除了真正具有療效的合法藥品之外，節制飲食和有效的運動才是減肥瘦身的不二法門。肥胖固然是許多疾病的根源，但是不正確的減肥對身體可能造成的危害，也是不容小覷的。

11. 身段超柔軟的軟骨功

　　不同於章魚、烏賊這一類頭足綱的無脊椎生物，人類因為有骨骼支撐著全身，在柔軟度方面自然就受限不少。也因為有這樣先天的侷限，自然就有些人偏偏想要克服人體的極限。在中國有所謂的「軟骨功」，在印度則是修練瑜伽者努力鍛鍊的目標。

　　就一般人而言，可以用雙手碰觸到腳趾的話，身體的柔軟度就算是不錯了！但在1999年締造的金氏世界紀錄中，竟然有成年人能夠全身蜷曲地鑽進一個長、寬、高只有73×38×38公分的小箱子裡，實在是令人匪夷所思，他也憑著這一身異於常人的專長，到世界各

地表演軟骨功。

　　由於他在鑽進小箱子之前，會先輕鬆地讓自己的兩條腿「脫臼」，才能夠順利地完成任務，看在醫生的眼中，這無異於自殘，醫生並且斷言，如果他再這樣下去，未來二十年將有殘廢的危險。不知道是幸或不幸，這位軟骨功先生在有生之年並沒有如醫生所言地變成殘廢，因為他在2000年11月4日就因一場急症而不幸過世了。

　　繼之而起的是一位住在美國威斯康辛州的年輕人，他的身軀柔軟得彷彿橡皮筋一般，可以輕鬆地屈身穿過沒有網線的網球拍，這也是他巡迴世界各地表演的絕活。首先，將網球拍穿過頭部和肩膀、胳膊，接著到了胸膛和86公分粗的腰部，此時台下的觀眾難免驚訝地叫了起來，只見他扭扭身、轉轉腰，網球拍就輕而易舉地穿過他的臀部，順利完成表演。

12. 轉動最久的硬幣

　　讓硬幣直立起來轉動？聽起來一點也不困難，不過你是否計算過，自己可以讓一枚硬幣持續轉動多久呢？

　　目前金氏世界紀錄中，硬幣轉動最久的紀錄是在

英國倫敦創下的，挑戰者參加英國BBC「明日世界」
電視節目表演，從硬幣開始轉動到它完全靜止，總共歷
時19.37秒，打破了2004年4月在愛丁堡科學節當天，
同樣也是英國人所創下之16.7秒的紀錄。

　　如果你想打破這項紀錄，以下是這項紀錄的一些
背景條件提供你參考：

　　首先，參賽者必須讓硬幣轉動在一個光滑、乾燥
的平面上，轉動的範圍是一平方公尺；其次，參賽的硬
幣必須是英國10便士的硬幣或美國的25分幣，如果使
用其他國家的硬幣，則須符合至
少重6公克，直徑2.5公分、硬幣
邊緣呈溝槽狀等條件，且經通過
檢查確認是沒有被變造過的硬幣

1
2

①轉動中的硬幣。②英國10便士的硬幣。

才行。

　　每位挑戰者都可以有三次機會，如果你認為自己
能夠打破這項紀錄，勇敢地去報名吧！

第十六篇

建築大展

1. 世界最高的大樓

2003年11月14日，風風光光在台北信義區開幕的台北101購物中心，因著位於「世界第一高樓」的裙樓而備受矚目。

世界高樓協會（CTBUH）對建築物高度的評定分為四項，而樓高508公尺的這座台北國際金融大樓——

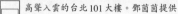
高聳入雲的台北101大樓。鄧茵茵提供

「台北101」，囊括了上述四項指標中的「世界最高建築物」、「世界最高使用樓層」和「世界最高屋頂高度」等三項世界第一，於2004年10月由世界高樓協會主席親自頒贈證書。至於「世界最高天線高度」則繼續由美國芝加哥的席爾斯大樓（Sears Tower）保持紀錄。

除了「世界第一高樓」的殊榮之外，台北101大樓同時還締造了其他幾項世界第一的紀錄，包括「全世界速度最快的電梯」，可以在三十九秒內將乘客載到第八十九樓的觀景台，每分鐘的速度高達1000公尺。

台北101同時也是「第一座蓋在強風地震頻仍地區的超級高樓」。為了確保大樓的安全，負責大樓設計的名建築師李祖原先生除規劃了精密的防震、防風結構外，還使用一顆重達800噸的懸浮阻尼球，從第九十二樓垂掛下來。所謂的「阻尼」即為避震器，這顆超級大圓球能夠吸收大樓的震動，將能量傳遞、發散到下方的彈簧系統，充分發揮了保護大樓主體的功能，避免因受到強風或地震等自然力量的侵襲而造成嚴重搖晃等損害。作為大樓吸收風力的裝置，這顆造價400萬美元的大圓球不僅是有史以來超高建築所安裝最大的阻尼器，也是第一套沒有隱藏起來且反而融入大樓整體設計的調諧質量阻尼系統。未來在第八十八樓與第八十九樓用餐的顧客便可從全方位的角度觀賞到這顆裝飾華麗、直徑5.5公尺、世界建築史上最大的阻尼球呢！

2. 最大的辦公建築

　　位於美國維吉尼亞州波多馬克河岸的「五角大廈」（pentagon），樓地板面積總計616,518平方公尺，並有長達28,150公尺的迴廊，是目前全世界最大的辦公建築。

　　五角大廈的樓地板面積據稱有美國帝國大廈的三倍大，而且美國國會大廈可以放入這座五角型建築物中的任何一角。雖然占地面積廣大，但是五角大廈卻是一座高效率的傑作，每一邊各規劃兩條走廊，這十條走廊呈現輪輻狀，連接建築內各個不同區域，在裡頭活動的人們可以在七分鐘以內抵達建築內的任何一處。

　　五角大廈是一項工程奇蹟，這座新古典主義風格的五邊形建築，是由五個同心五邊形所構成，夾層與地下層不算的話，上下一共五層樓，中庭天井的面積也是五英畝（約兩公頃），全部工程只費時十六個月便告完成。之所以能夠如此快速地完工，主要是因為有一萬三千名工人按表輪班，自1941年8月起，每週七天、每天二十四小時地不停日夜趕工。另外還有超過一千名的建築師，以鄰近的停機坪作為臨時辦公室，依據工程進度加緊繪製施工設計圖。

　　自1943年完工五十年後，五角大廈於1993年進行完工以來首次的大規模翻修工程，預計耗資十二億美

元，費時十三年才能竣工。目前五角大廈擁有專屬的直升機機場、計程車和巴士總站，以及一座地鐵站，翻修完工後更將大幅提升電力、機械與通訊設備功能，同時一口氣又增加了 18,581 平方公尺的辦公空間，繼續穩居全世界最大的辦公建築物。

3. 第一條高速公路

高速公路是指提供汽車高速行駛，以縮短交通時間的專用道路。世界各國從二十世紀三〇年代開始陸續興建高速公路。德國於西元 1932 年建築了一條從波昂到科倫的道路，是世界上第一條高速公路；到了 1939 年，已修建高速公路 3440 公里，不過其主要的目的多在軍事用途。隨後美國、英國、法國、日本等國家也紛紛跟進，到了五〇年代，興建高速公路已然成爲已開發國家的重要基礎建設計劃之一。

由於高速公路對於國民發展和社會發展具有重要作用，許多發展中國家也將修建高速公路作爲實施現代化的一項重要措施。根據非正式的統計，目前全世界已

今日德國的漢堡公路。

有八十幾個國家和地區擁有高速公路，通車里程長達
23萬公里，並且在修築工程上已達到成熟階段，無論
是主體工程或配套設施的發展，都已相當完善，特別是
一些已開發國家，更將高速公路的行車安全、便利、景
觀等納入評估，積極朝向網絡化和電腦化控制的智能交
通系統發展。

4. 高速公路最發達的國家

美國興建高速公路的年代雖然略晚於德國，但是
它卻是目前全世界公路交通最發達、高速公路里程數最
長的國家。從二十世紀五〇年代中期開始，美國修築了
將近九萬公里長的高速公路，約占世界高速公路總里程
的一半，形成了連接各州首府及所有五萬以上人口的城

美國359號公路。

市，並與加拿大、墨西哥等周邊國家相連的高速公路網絡。

5. 第一條鐵路

在遠古時代，人類的交通工具只能倚靠兩腿步行，終其一生能夠到得了的範圍，也相當有限。隨著交通工具的變遷與發展，人類才逐漸克服了空間上的限制，交通工具可說是人類文明的原動力，在文明發展史上，扮演著不可或缺的推動力量。

人類很早就產生「以車代步」的概念，一開始是使用人力或獸力拖拉，自從十八世紀六〇年代工業革命之後，才逐漸試著使用蒸汽原理，加以取代。英國為了解決年產量三千萬噸的煤炭運輸問題，自十九世紀初開始建立交通線，當時主要是用馬來拖拉車輛，遇到陡坡處則改用蒸汽機推動。世界上全線採用蒸汽機車頭的第一條鐵路，正是建造於西元1825年的英國。

早期的蒸汽火車與鐵路。

由於英國人喬治·史蒂文生於西元1813年改良研發出性能良好的實用鐵軌機車，將交通運輸帶入鐵路時代。1825年在史帝文生親自指揮下，英國鋪設了全世界第一條鐵路，全長約27公里。當時的列車由十二節貨車和二十二節客車組成，時速18公里，可搭乘乘客四百五十人。

　　西元1830年，48公里長的利物浦至曼徹斯特鐵路全線開通，使用蒸汽機車頭的列車行進速度，比傳統用馬拉者提高了三倍多。一開始，民眾還不太能夠接受這種「龐大的恐怖物」，但是很快地，火車運行的鐵路就成為英國最重要的工業原料和成品運輸的交通動線。且不久後便在英國、歐洲及美國掀起了修建鐵路的熱潮，也更加速了工業的發展。

6. 最長的海底隧道①——英法隧道

　　橫跨英吉利海峽，將分離一萬年的英國（英倫三島）和法國（歐洲大陸）重新連結起來的英法海底隧道，全長51.5公里。它不但是土木工程史上重要的里程碑，同時也是目前全世界最長的海底隧道，堪稱為世界上最偉大的工程之一。

　　英法海底隧道（Channel Tunnel），又稱「海峽隧

道」或「歐洲隧道」，興建於 1987 年至 1994 年間，它由三條平行隧洞組成，是橫跨英吉利海峽的鐵路隧道，大大地縮短了來往於英、法兩國之間的交通時間。雖然它的總長度比日本青函海底隧道的 53.85 公里略短，但是英法隧道的海底段隧道長 37.5 公里，比青函隧道海底部分的 23.3 公里長，所以若說英法隧道是最長的海底隧道也不為過。

自古以來，英吉利海峽一直是英國最好的天然屏障，阻擋了歐洲各國的侵略；但自從英國加入了歐洲共同市場後，海峽卻反倒成為英國發展對外經濟貿易的絆腳石。而海底隧道既不占地，又不妨礙航行，同時也是最不破壞生態環境的方式之一。於是，建造一條溝通兩地的隧道之構想，終於在英、法兩國的共識和規劃下，逐步實現。

全長 51.5 公里的英法隧道，其中有 37.5 公里位於海底，平均深度為海底下 50 公尺，建築費高達 150 億美元，搭乘火車通過海底隧道須費時約二十分鐘。英法隧道是從英吉利海峽最狹窄處（多佛海峽）連接英國福克斯到法國桑加特，它讓倫敦到巴黎的路途得以縮減到三小時以內。

7. 最長的海底隧道②——日本青函隧道

　　對島國來說，水域的區隔常造成民眾生活、輸送往來上的不便，日本在先天的地理條件上，正面臨了這樣的考驗。

　　日本國土主要是由四大島嶼所組成：北海道、本州島、四國島和九州島。為了提升各島之間交通的便利，日本政府自二十世紀三〇年代起，就計畫透過高速行駛的子彈列車來串連各島，也就是所謂「新幹線」的概念。

　　其中，青函海底隧道正是連結北海道和本州之間的重要通道，全長將近54公里，是全世界最長的電車

青函隧道。

隧道，比英法隧道的51.5公里還長了約3公里。其實北海道和本州兩島之間的最近距離只有23公里，但由於海峽兩邊都屬於多山地形，再加上列車軌道必須始終維持在合理的平緩坡度，因此隧道的長度就因此而大幅增加，甚至比原本的距離長出一倍。

　　青函隧道穿越津輕海峽，聯絡本州島的青森市和北海道的函館市。該處的地質屬於花崗岩斷層區，相當不利於施工，因為隧道鑽掘機無法運用於此種地形條件，於是隧道施工只能以爆破和鑽孔的方式緩慢進行。原本預測施工期可能長達七年，開工後發現除了原本意料中的岩石斷層之外，還有嚴重的洪澇問題待克服，因此整條隧道從1964年開工後，總共歷時二十四年，才於1988年竣工。

　　為了減少海水滲漏的問題，區間隧道興建於海床下100公尺處，最深處達到海平面下240公尺，是英法隧道的兩倍，建築費高達70億美元。

8. 吞吐量最大的海港

　　2004年上海港的貨物總吞吐量突破3.82億噸，首度超越多年來一直排名世界首位的荷蘭鹿特丹港。荷蘭鹿特丹港2004年的全年貨物吞吐量為3.55億噸。

　　根據新華社報導，上海港2004年的貨物吞吐量、外貿進出口吞吐量、國際貨櫃吞吐量等三項主要指標都創下歷史最高紀錄。

　　2003年上海港的貨物總吞吐量為3.16億噸，仍次於鹿特丹港和新加坡港，是世界第三大貨物港。只不過一年的時間，上海港就一連超越了新加坡和鹿特丹，成為新的「世界第一大港」。

夜幕籠罩下的上海港。

上海是一座典型「以商興港，以港興市」的城市，上海港的發展史也是上海城市高速發展的歷史縮影。優越的地理位置賦予了上海無限的發展機遇。中國大陸的海岸線長達 18000 公里，而上海正位居此海岸線的中間位置；它背靠綿延 6300 公里的長江，地處長江運輸通道（東——西）與海上運輸通道（南——北）的交匯點。上海港屬於河口型的沿海港口，海洋性氣候十分顯著，一年四季船隻進出港口皆暢通無阻。

　　上海港除了前通中國南、北沿海和世界各大洋，後貫長江流域和江蘇、浙江、安徽等省的內河、太湖流域；還有四通八達的鐵路、國道公路和高速公路等交通基礎建設。真可說是集合了自然條件優越、腹地經濟發達、集疏渠道暢通等先天與後天的優良條件，也難怪能夠躍升成為世界重要港口之一。

9.最長的橋

　　位於日本瀨戶內海，橫跨本州島網山縣與四國島香川縣的「瀨戶大橋」（Seto Bridge），是目前世界上最長的一座橋。

瀨戶大橋。楊春龍攝影

銀色的瀨戶大橋全長37.3公里，海面部分長13.1公里，是由三座吊橋、兩座斜纜橋和一座衍架橋所組成。爲了不影響船隻的航行和景觀，組成瀨戶大橋的這六座橋，橋墩皆建立在海中的五個小島上，而形成六座大橋相連的特殊景象。

　　瀨戶大橋的橋面分爲上下兩層——上層供汽車通行，時速限制爲100公里，共有四個車道，每日平均可通行將近五萬輛汽車；下層爲雙線鐵路，時速可達160公里。橋樑工程從1978年10月10日開工，歷時將近十年，才於1988年正式通車，耗資11,000餘日幣，相當於84.6億美元。

　　日本由於位處太平洋地震帶，對於建築物的耐震度向來十分注重，根據建築師的規劃，瀨戶大橋可以承受芮氏規模八點五的地震，也能夠屹立於風速每秒60公尺的強風中。爲了防止海水的侵蝕及船隻不慎撞擊橋墩造成彼此的損害，建築團隊特地選用一種不軟不硬且能防止海水腐蝕的特殊材質，作爲橋墩外層建材。

　　在尚未有瀨戶大橋橫跨本州島和四國島之前，兩地之間的交通至少須費時兩小時以上；瀨戶大橋通車後，交通時間可以縮短爲四十分鐘，對於兩島之間的經濟、文化和訊息交流等都有很大的助益。

10. 最高的橋

　　一到渡假期間，總有大批遊客往來於巴黎與地中海沿岸地區。為了疏解兩地之間擁塞的交通問題，位於法國南部的「米洛高架橋」（Millau Viaduct）終於在西元 2004 年 12 月正式通車。這座由英、法兩國聯手打造的世界級橋樑，再度寫下建築史上的另一項新紀錄，他們以最短的時間完成一座「世界上最高的橋樑」。

　　這座米洛大橋採「斜張橋」形式，橋樑以七支懸臂支柱支撐，橫跨塔恩河（Tarn River），光是橋面就高達 270 公尺，而懸臂支柱最高處更達 343 公尺──試著想像，在比巴黎艾菲爾鐵塔還高的騰空橋面上開車，是否彷彿馳騁在雲端呢？全橋分為四線道，總長 2.5 公里，重 3 萬 6000 噸。從 2001 年 12 月動工，僅花費三年時間即竣工，橋樑高度和完工時間都創下世界第一的紀錄。

　　就像英法海底隧道一樣，米洛大橋也是英國和法國共同完成的。由英國著名的建築大師佛斯特爵士（Sr. Norman Foster）負責設計；經費則是由打造艾菲爾鐵塔的埃法日集團（Groupe Eiffage）出資承造，耗資了 3 億 9400 萬歐元興建，取得橋樑七十五年的管理權，這段期間每輛車 4.6 歐元過路費的收入都將歸其所有。

米洛大橋連接法國巴黎與朗格多克海岸，甚至延伸為西班牙巴塞隆納高速公路相連的 A75 號公路計劃的一部分，而米洛鎮位於這段路程中的瓶頸位置，一旦通車後，可將原本須費時三小時的路程縮短為十分鐘。

　　負責規劃米洛大橋的建築大師佛斯特，是英國國寶級建築大師。他過去最為人稱道的作品包括德國國會新大廈、英國倫敦千禧大廈以及泰晤士河上的千禧大橋，並且曾以千禧大廈獲得英國史特林建築獎的榮譽。

11. 最長的人行吊橋

　　位於加拿大北溫哥華市的卡皮蘭諾河谷上的「卡皮蘭諾吊橋」（Capilano Suspension Bridge），是溫哥華歷史悠久的旅遊勝地，吊橋興建於西元 1899 年，迄今

卡皮蘭諾吊橋。©2000 Capilano Suspension Bridge and Park

已有超過百年的歷史。

這座百年吊橋距離橋底下的河谷約有 230 公尺，橋身全長有 137 公尺，是世界上最高、最長的步行吊橋。這座橋看來雖然令人怵目驚心，不過它的結構還是相當穩固的，遊客居高臨下走在橋上，不但需要勇氣舉步，還要能夠克服吊橋晃動帶來的恐懼。有時風速較強也會造成橋身幅度較大的搖晃，走起來非常刺激，從橋上往下看去，河谷裡滿布激流崖石的天然景觀，也令人歎為觀止。

12. 橋樑最多的城市

威尼斯是義大利北部的主要港口和工業城市威尼托區的首府，也是著名的水上城市和旅遊中心。它位於亞得里亞海威尼斯灣西北岸、波河河口外海濱地帶，地處於東北——西南走向、長約 51 公里的新月形潟湖中央，包含一百一十八個島嶼、陸上的市區和兩個工業城鎮，面積將近 7 平方公里。

威尼斯城市建於離大陸 4 公里的眾多島嶼上，靠著一百一十七條水道和約四百座橋樑將各島聯成一體，因為也使得「威尼斯」成為世界上橋樑最多的城市，有「水上之都」的美稱。

要在水都威尼斯暢行無阻，「船」當然是最普遍
且重要的交通工具，不論是私家轎「車」、公共汽「車」
或是摩托「車」，都是能在水上行動的船隻。昔日威尼
斯的主要交通工具是一種名叫「貢多拉」（Gondola）的
小船，現在已成為遊覽威尼斯的觀光交通工具。藍色座
椅及布帆，船頭拱起，末端還有著鑲金的裝飾，色調與
藍天相輝映，是觀光客的最愛。不過搭乘一次的價格並
不便宜，如果想要節省旅費的話，水上巴士會是不錯的
選擇，購買幾日連票還可以享有優惠。

威尼斯的水道上隨處可見橋樑與貢多拉。

威尼斯不但以橋多著名，這些橋樑還各具特色，幾乎每一座橋都有不同的建築特色，不管是水泥或鐵鑄、木造的材質，都具體地刻畫著義大利偉大的建築藝術之美。其中，「嘆息橋」（義大利文「Ponte dei Sospiri」）是威尼斯最經典的橋樑，它一頭連接著總督府的法庭，另一頭是總督府對岸的牢房，相傳過去犯人在法庭中宣判死刑之後，都會從總督府走出，經過這座橋後被送入牢房等候行刑。走在這座唯美的大理石橋上，再看這美麗的水都風光最後一眼，犯人都會忍不住深深地嘆息，「嘆息橋」因而得名，反倒少人記得它原本「日落橋」之稱。

13. 最古老的城市

位於死海以北，約旦河西岸，耶路撒冷以東的「耶利哥市」，是世界上最古老的城市。九千多年前就有人在這裡定居，考古學家於二十世紀起，陸續在約旦河谷挖掘到耶利哥城的遺址。

耶利哥所在位置低於海平面約 300 公尺，因此也有「世界上最低的城市」之名。它離今日以色列和約旦交界處不遠，在艾倫比橋的西邊，緊扼以色列人進入「應許之地」的門戶。

在《舊約聖經》裡，耶利哥也是個相當重要的城市，它是約書亞帶領以色列民渡過約旦河之後，第一個攻占下來的城；耶穌也曾在「好撒馬利亞人」的寓言故事裡提到：「有一個人從耶路撒冷下來，到耶利哥去，遭遇了強盜……」；此外，耶穌也曾在耶利哥的一座山上，通過魔鬼的種種試探，所以此地也有「試探山」（Mount Tempt）之稱。

今日的耶利哥市自1993年起，成為巴勒斯坦的首府，而耶利哥古城又分為舊約耶利哥和新約耶利哥城。新約時代的耶利哥城離今日的耶利哥市稍遠，位於南邊，靠近死海；舊約時代的耶利哥城則位於今日耶利哥市旁邊，根據《舊約聖經》的記載，約書亞帶領以色列人繞城七日後，就成功奪下該城。

由於二十世紀以前，考古學者一直找不到這個古城的遺址，一度懷疑《聖經》提及耶利哥故事的真實性，直到二十世紀初，德國的沙林教授（Ernst Sellin）和屈申格教授（Karl Watzinger）二人挖掘出耶利哥城的裡外兩面城牆，才揭開了耶利哥城的發掘序幕。經過考古團隊陸續挖掘出來的各項證據顯示，耶利哥城比五千年前在幼發拉底河與底格里斯河之間的閃族城（Sumeria），還早了四千年之久。

14. 現存規模最大的古建築

　　目前保存最完整的古建築中規模最大的建築群，是位於中國北京的「紫禁城」，共有八百餘棟建築物，計九千個房間。雖然紫禁城的地理位置座落在繁忙的北京城，但是這裡卻宛如一座恬靜的綠洲般，矗立於城內的核心地區。

　　這座龐大的古建築物，現名「故宮博物院」，是從西元 1406 年開工，歷經十六年的時間才完工。下令興建的人是當時的皇帝——明成祖，他因發動流血叛變，而從姪子手中奪得政權，原本定都於南京，後來爲了鞏固權力，決定遷都北京城，因此選定前朝（元朝）皇宮舊址，重新興建新都。

俯視紫禁城。

紫禁城的總面積占地 25 萬平方公尺，相當於一百多個足球場，在十六年的興建過程中，共動用了大約一百萬人投入勞力。從 1421 年完工至 1925 年成爲博物院正式對外開放爲止，紫禁城五百多年來不僅是政府的行政中心，也是明、清兩朝二十四個皇帝的住所。中國最後一位皇帝愛新覺羅溥儀五歲登基時，便居住於紫禁城內，即便於 1911 年民國建立之後，溥儀仍舊被軟禁於紫禁城內，直到 1924 年受軍閥所迫而逃往天津，紫禁城則在隔年成爲博物館。

　　紫禁城（故宮博物院）也是目前「世界上最大的博物館」，隸屬於「全世界人口最多的國家」，裡頭存放著中國最重要的藝術珍寶、骨董、畫作等，每年吸引數百萬遊客前往參觀，1987 年時被列爲聯合國教科文組織世界遺產地之一。

15. 最大的金字塔

　　提到埃及，總令人聯想到「金字塔」這古代七大奇觀中，目前唯一還保存下來的代表。這些古老的建築，從西元前 2686 年到西元前 1650 年間陸續興建，目的是用來作爲埃及法老的陵墓。在古埃及，幾乎每位法老都是從登基之日起，就開始著手爲自己修築陵墓，希

冀死後可以藉此升格為神，保存較完整的金字塔大大小小大約有八十多座。

現存金字塔中最有名，同時也是世界上最大的巨石建築，首推「古夫金字塔」。古夫（Khufu）金字塔位於埃及首都開羅市西南方約10公里的吉薩高地，是埃及現存規模最大的金字塔，名列「古代七大奇觀」之首，塔身原高146.5公尺，經過數千年的風吹日曬侵蝕，現高約137公尺。塔身由大小不一的二百三十萬塊巨石組成，石塊重量至少2.5噸，大小相當於一輛家用

三座金字塔中間最高大者即為古夫金字塔。

小型轎車，最重的甚至可達16噸，石塊間未用任何黏合物，卻砌合得極為緊密。

古夫王是第一位在吉薩高地上興建金字塔的國王，後代對於他的事蹟所知甚少，只知道他於西元前2543年繼位法老，在位二十三年。

古夫金字塔的修建至少花費超過二十年，建築工程浩大且結構精細，而在施工上更涉及測量學、天文學、力學、物理學和數學等各領域，堪稱為「人類歷史上最偉大的石頭建築」。至今還有許多未被揭開的謎，光是埃及人何以在四千多年前生產工具很落後的古代，採集、切割並搬運數量如此多、重量又如此之重的巨石，堆疊成如此宏偉的金字塔，就令人百思不得其解。

16. 第一座摩天輪

摩天輪（Ferris Wheel），是以第一位設計摩天輪的建築師法雷斯為名。法雷斯在1893年時為芝加哥的世界哥倫比亞博覽會設計了一座75公尺高的摩天輪，有意和當時最出鋒頭的法國巴黎的艾菲爾鐵塔一較高下。

據說法雷斯設計摩天輪的創意源於遊樂園的旋轉

在夜空中閃耀七彩光芒的摩天輪。

木馬，當他某次看見橫向的旋轉木馬時，突發奇想地設計出「豎立起來轉」的載人裝置，也就是我們今日看到的摩天輪。

目前世界上最高的摩天輪，是位於英國倫敦泰晤士河畔的「倫敦眼」（London Eye），高137公尺，重2100噸，相當於二百五十輛雙層大巴士的重量。「倫敦眼」設計者馬克斯夫婦花費了七年的時間，才完成這座觀景摩天輪，它共有三十二個乘坐艙，每艙可乘載二十五人，一次就可載八百人上路。不過，倫敦眼實在是太巨大了，光是要將它豎立起來，就是個艱鉅的大工程，建築團隊嘗試了好幾次都未能成功，最後一次整整花了一星期才終告完成。也因此原訂要在千禧年的第一天正式啓用的計劃，就因為這個高難度的架設工程無法如期進行，延宕到同年三月才正式營業。

不過，倫敦眼「世界最高」的寶座已經岌岌可危，因為除了美國拉斯維加斯正在興建高達152公尺的摩天輪之外，莫斯科也將在市中心的麻雀山上組裝一座高達170公尺的摩天輪，勢必都將刷新「倫敦眼」目前所維持的世界紀錄。

第七篇

科學工廠

1. 最早的人造玻璃

　　玻璃是一種堅硬的物質，大自然中有一種黑曜岩是自然生成的玻璃。除此之外，一般所稱的「玻璃」，是指以矽（二氧化矽）、蘇打（碳酸鈉）和石灰岩（碳酸鈣）為原料，所製造出來的無機化合物之混合物，通常呈透明或半透明，質地堅硬但易碎，且不被自然元素所穿透，是電和熱的不良導體。當混合物中含有某些金屬氧化物時，玻璃會呈現出不同的顏色。

　　早在距今五千多年前，古埃及人就在燒製彩釉陶器的時候，意外得到了五顏六色的玻璃珠，這可以說是人類最早發明的「玻璃」。又隔了一千五百年左右，腓尼基人用裝著沙子的布袋，在熔化的玻璃中反覆地蘸，等黏在布袋上的玻璃冷卻後，再將沙子倒掉，做成了人類最早的玻璃瓶；又過了一千多年的時間，敘利亞人才發明了吹玻璃的技術。換言之，人類從發明玻璃到懂得如何運用玻璃製造物品，摸索的時間前後長達三千多年。

　　在中國長沙地區挖掘出的楚墓遺跡中，也發現有百餘件古玻璃製品，雖然不同於西方的鈉鈣玻璃，但也可足以說明玻璃的發明與使用，並不只限於西方的古文

腓尼基的香水玻璃瓶。

明之中。

時至今日，玻璃製品已經成為日常生活中相當普遍且常見的東西了，不論是門窗、水杯、眼鏡……，甚至科學實驗室中的試管、燒杯等玻璃儀器，都是不可或缺的設備；除了實用目的之外，玻璃和琉璃製品也成為精緻藝術的一種表現。

2. 最早的望遠鏡

要追溯到最早的望遠鏡出現之年代，可以先從它的主要零件之發明來分析。望遠鏡主要是由兩片玻璃鏡片所組合而成的。由於玻璃早在西元前 3500 年已經出現，眼鏡也大約於十三世紀問世，從眼鏡（鏡片）的發明到十七世紀初望遠鏡的出現，這當中的三百多年是否曾有人嘗試著將兩片鏡片疊在一起觀看，實在難以確認。因此要追溯出誰是第一位發明望遠鏡的人，事實上有其查證的難度。

一般公認，望遠鏡是於西元 1608 年由一位名為利伯舒（Hans Lippershey）的荷蘭眼鏡片製造商所設計出來的。他採用了虎克在顯微鏡中使用透鏡

①最早的天文望遠鏡。②伽利略像。

的辦法，將一片凸透鏡和一片凹透鏡放在一起觀看，從中發現這樣的鏡片組合可以將遠處的景物放大。

　　一年後，消息傳到義大利科學家伽利略的耳中，伽利略就自行製造了一台折射望遠鏡，用來觀測天體。他進行了一系列具有劃時代意義的觀測，包括太陽黑子的運動、木星的衛星、金星的位相變化、月球表面的山岳和隕石坑以及銀河是由無數星星組成等等，讓人類對宇宙的認識向前邁進了一大步。

　　西元1611年，克卜勒據此改良設計出另一種新型的望遠鏡，成為近代折射望遠鏡的基礎；而後又有牛頓於1668年發明反射式望遠鏡。望遠鏡的發明使得人類得以超越雙眼視野的限制，看得更遠、更清楚，中國古老神話故事中的「千里眼」也從虛幻化為現實。

3. 最早的眼鏡

　　根據衛生署統計，台灣小學生視力不良的比例高得驚人，其中主要為「近視」問題。隨著年級的增加，鼻樑上的鏡片厚度和度數也隨之增加。小學一年級學童的近視發生率為20.4%，到了六年級已有60.6%的學生近視；國中三年

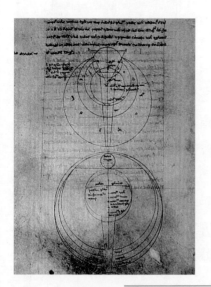

光在眼中的折射圖。

級的近視學生比率，更高達 80.7%。

近、遠視等眼科問題不同於一般疾病可以透過醫療來治療，相反的，近視往往會隨著用眼不當的時間拉長而加重度數。因為有廣大近視人口的市場需求，眼鏡公司在大街小巷都隨處可見，「眼鏡」對現代人而言，也不是什麼稀奇的玩意兒。不過，眼鏡的發明，可曾經是令世人大感驚奇的科技喔！

由於歷史上並沒有確切地記載「眼鏡」是在什麼時候、由誰發明的，比較能夠確定的即是「鏡片」早在十三世紀就已問世。在古希臘羅馬或古阿拉伯處於鼎盛時期的時代，可還沒有「眼鏡」這種玩意兒，因為在當時，一些非常著名的政治家、思想家或歷史學家等等，他們年紀老了之後往往因為眼睛視力不佳，無法閱讀文獻或書籍，只能由奴隸唸給他們聽。

至於最早的眼鏡，有人說是出現在暴君尼祿時代，也有傳說是起源自中國，或考證推測是印度人發明的，不過這些說法都缺乏有力的證據。惟獨在歐洲，最早的記錄是在十三世紀時，有一位住在義大利的佛羅倫

文藝復興時期義大利的眼鏡。

斯人發明設計了最早的眼鏡，這位發明家約於 1317 年過世。到了十四世紀，義大利的許多地方就已經有眼鏡製造廠，可見當時眼鏡已被廣泛使用，但造價相當昂貴，是一般平民老百姓消費不起的奢侈品，法國國王查理五世甚至還將他的眼鏡列入遺囑中，並指定繼承人呢！

4. 最早的隱形眼鏡

在眼鏡發明之前，視力的好壞常會影響到個人的生活甚至職業，比方說以打獵維生的人需要稍微有點遠視，可以幫助他看清遠方的獵物；而高度依賴近距離視力的手工業者，則往往到了四十歲左右，就會因為眼睛視力的自然退化（老花眼），無法看清近處的事物，不得不結束原本的職業。

等到玻璃鏡片發明後，人們開始知道：如何利用凸透鏡來改善遠視，用凹透鏡來輔助近視的患者，也就有了「眼鏡」的問世。最早的眼鏡是將鏡片用繩子拴在眼前使用；到了十八世紀，中國和英國都發明了眼鏡邊架，成為現代眼鏡的雛型。

配戴了度數合宜的眼鏡，雖然可以幫助矯正視力，不過也有人覺得臉上多了一副眼鏡，會破壞五官的

整體美。更別說一舉一動都要小心留意鼻梁上的兩片玻璃，還有享受熱騰騰的美食之際，常會發生鏡片因食物升起的蒸汽而導致眼前一片霧茫茫的窘狀……。於是，腦筋動得快的商人便藉助科學之力，進一步研發了「隱形眼鏡」。

關於最早的隱形眼鏡，有一說法是在二次世界大戰時，有一位飛行員因為飛機的前罩玻璃破裂，硬質的矽膠玻璃碎片掉進眼睛裡，後來居然就黏在眼睛上了，這成為硬式隱形眼鏡發展的開始，1945 年第一副硬式隱形眼鏡便正式問世。

另一個關於隱形眼鏡的起源說法，是因為有位父親的眼鏡，被調皮的兒子打破了，正當這位父親要發火時，小兒子卻拿著地上的碎片放在眼前觀前，發現破碎的鏡片仍同樣具有看清近物的效果，這個發現觸動了他的靈感：如果把鏡片放在眼球前面，看東西不就更方便了？因此開始研究把鏡片放進眼睛的可能性，就這樣，隱形眼鏡誕生了。

不過早期研發出來的硬式隱形眼鏡，戴起來會覺得眼睛裡有異物，並不十分舒適。直到 1964 年研發出軟式隱形眼鏡，全世界配戴隱形眼鏡的人口便呈現快速成長。

5. 電的發現

　　「電」是一種無聲、無色、無形、無臭且肉眼看不見的能量，很多人小時候都玩過一種遊戲，就是將塑膠墊板或是塑膠尺快速摩擦後靠近頭髮，會看到髮絲被塑膠板所吸附，同樣的原理也可以用來吸附一些事先撕好、靜置在桌面的小紙片。這股看不見卻真實存在的力量，就是「電」的一種表現。

　　早在西元前 600 年，希臘人就發現琥珀經過摩擦後，可以吸引乾燥的樹葉、羽毛、碎布片等輕小的物件，所以稱琥珀為「elektron」。而這種神祕的力量就稱為「electric」，這個字被英語系國家用來形容電力並且沿用至今。

　　然而，雖然人類早就發現這股肉眼看不見的力量存在，但是卻不曉得如何使用。甚至一直到西元十六世紀早期，才有人發現琥珀並非唯一具有這種特性的物質，並且開始努力地做實驗，把摩擦後具有吸力和沒有吸力的物質加以系統性的分類。

　　到了十八世紀，有一位法國科學家發現，在那些摩擦後會產生吸力的物質中，有些會互相吸引，有的則會彼此排斥，於是歸納出帶正電與帶負電這兩大類物質。有關電的研究，到十八世紀工業革命後開始出現大幅的進步和突破。

西元1901年，在美國紐約州水牛城舉行的泛美博覽會，有一項令人耳目一新的展示，那是一座高375英尺的電塔，點亮44,000顆燈泡，而其電力則是來自遠在尼加拉大瀑布的發電機。這次的博覽會在電氣部分主要展示的是電力的應用，不過從當時的眼光來看，可說都是原本想像不到的奇觀，其中包括可以透過線路傳輸圖片的電傳機等。

6. 最早的電池

　　電力是大自然中原本就存在的一股無形的力量，人類很早就從閃電、琥珀摩擦後產生的靜電現象中察覺這股力量，但是對於電力的應用，卻遲至十六世紀以後，才開始有些具體的研究結果。十八世紀工業革命的發生，更讓電學研究產生加速度的進展，愈來愈多科學家鍥而不捨地投身於電學實驗中。

　　西元1780年，一位義大利科學家葛萬尼（Luigi Galvani）發現，當他將浸泡過鹽水的蛙腿，放置在金屬盤上，再用金屬刀子去接觸時，蛙腿就會抽動。葛萬尼將他的研究結果整理後發表，他認為他發現了一種「動物電」。

　　十三年後，比薩大學教授伏他（Alexandro G.A.A.

Volta）嘗試把一塊鋅板、一塊銅板放到舌頭上下，並且用銅絲把兩板連結，他發覺舌頭會感到鹹味，進而證實銅絲中有電流現象，這也是葛萬尼所發現，可使蛙腿抽動的力量。

但是不久後他發現，這力量與葛萬尼所謂的「動物電」無關，因為如果不用舌頭，而是用一片浸過鹽水的紙板，夾在銅板、鋅板之間，同樣也會產生電流。而且如果使用多層次的鋅──紙──銅、鋅──紙──銅的組合，可以得到更強烈明顯的電流，這也就是世界上最早的電池（鹼性電池）的問世。

有了穩定的電源，電流的研究與應用才能更順利地推展，因此為了紀念伏他教授的卓越貢獻，電壓的單位──伏特（volt）便以他的名字來命名。

7. 第一台發電機──法拉第傳奇

人類早在二千多年前就發現琥珀在被磨擦後，可以吸附一些東西；但過了一千多年後，科學家才逐漸明白那是「電」的作用。隨著威廉·吉伯特提出有些材料也有帶電的習性，富蘭克林提出電有正負電荷特性，庫倫發現電荷之間的力與距離平方成反比，安培以數學導出電流與電位差有關，奧斯特提出電流產生的周圍會產

生一種磁力……等電學上的發現，人類對「電」的認識
與應用，仍處於摸索測試的階段。直到西元1821年，
被譽為「電學之父」的法拉第成功地發現電磁轉動的原
理，十年後，世界上第一台發電機問世，人類終於進入
電力時代。

　　法拉第（Michael Faraday）是人類歷史上最偉大的
實驗物理學家，現今大學裡的每一個理工科系，都能看
到他的相關研究成就，他是第一位發現電磁感應的人，
因此被稱為「電機工程學之父」；在機械工程領域裡，
第一部馬達與發電機都是他製造出來的；在化學工程

　法拉第像。

裡，最早蒸餾石油而發現苯的人也是法拉第。

以法拉第在科學領域上的諸多貢獻，令人很難想像他正式受教育的階段只有到小學畢業，出身鐵匠之家的他，小學畢業後就到一家印書店當學徒，並且自發性地積極閱讀身邊可以得到的各種書籍。透過不斷地自修、做實驗和進修的機會，二十二歲時獲得英國皇家學院研究助理的工作，讓他正式開始一生不輟的科學生涯。

8. 最早的電視機

收看電視節目似乎已成為現代人非常重要的生活娛樂之一，這個說大不大的神奇盒子，往往能讓人為之神迷，盯著螢幕忽喜忽悲、又哭又笑，每天甚至按著電視節目表來安排生活作息。不過，這項「重大的」發明距今還不到百年歷史呢！它的娛樂性遠高於功能性，而其深入民眾生活程度之深，卻也是其他非功能性發明品難以望其項背的。

發明電視機的，是一位英國的電器工程師，名叫約翰・洛吉・貝爾德（John Logie Baird）。約翰出生在蘇格蘭海倫斯堡一個牧師家庭裡，從小就很聰明好學，也對發明新事物充滿熱情。

西元 1924 年，三十六歲的他在資源窘迫的情況下，開始利用舊無線電器材、舊糖盒、自行車燈透鏡和舊電線等看似廢棄物的材料進行實驗。經過上百次的失敗和不斷改良，在 1925 年 10 月 2 日清晨，當貝爾德再一次發動房間裡的機器時，隨著馬達轉速的增加，終於從另一個房間的映射接收器裡，清晰地接收到「比爾」──他用來做實驗的道具玩偶──的臉部畫面，成功地組合出世界上最原始的電視攝像機和接收機。

貝爾德於隔年 1 月 27 日首次在英國倫敦向四十多位科學家，公開展示了他的發明，後人於是把這一天訂為「電視首映日」。雖然當時訊號發送的距離只是從一

貝爾德與最早的電視系統。

個房間傳送到同棟樓的另一個房間而已，但已是科技的一大進步。1928年，貝爾德研發出彩色立體電視機，也成功地將影像傳送到大西洋彼岸，可說是衛星電視的前奏；一個月後，他又把電波傳送到航行中的郵輪上，使所有的乘客都驚訝不已。

時至今日，隨著各項科技的整合與精進，貝爾德發明的電視已經發展到了令人目眩神迷的境界，畫面清晰鮮明的電視更幾乎成為現代人生活中不可或缺的必需品，人們只要坐在家裡收看電視，就可以知道世界上各個角落發生的事情，這一切都要歸功於貝爾德的發明。

9. 最早的電話

問起「電話」的發明者是誰，很多人都會毫不猶豫地回答：「貝爾！」但是，美國國會眾議院已在西元2002年6月通過一項決議，將「最早發明電話」的歷史性議案做出翻案，推崇義大利移民梅烏奇（Antonio Meucci）在發明電話方面的貢獻，間接地澄清電話的發明者應該是梅烏奇，而非貝爾。

要進一步理解這項發明專利權的來龍去脈，需將時間回溯到西元1855年。當時移民到美國才五年的梅烏奇，因為顧念妻子行動不便，便以他多年研發電話技

術的成果爲基礎，設置了世界上第一座電話系統，以便妻子可以在二樓房間打電話到他的地下工作室。

西元 1860 年，梅烏奇公開展示他所研發的電話系統，曾獲一家義大利文的報章媒體報導，可惜他的英語表達能力不佳，一直無法向商界推薦這套「會說話的電報機」；另一方面，其畢生大部分的積蓄都已用於研究上，不但沒有餘錢將這項劃時代的偉大發明變成商品，甚至連申請電話的「永久專利權」所需的二百五十美元都拿不出來。於是梅烏奇只好選擇逐年支付十美元的方式，申請臨時專利。梅烏奇首次申請是在 1871 年，三年後更因爲連十美元都付不出來而無法繼續維持其臨時專利權。

在那三年期間，梅烏奇爲了籌措經費，曾將電話系統的發明雛型送往西聯電報公司示範，並要求會晤該公司高層主管，但是卻始終未獲接見，後來他於 1874 年向該公司要求索回電話，得到的回覆卻是「遺失了」！

兩年後，與梅烏奇同一個實驗室的貝爾提出電話永久專利權申請獲准，不但成爲社會名人，更獲得西聯電報公司的資金支持。梅烏奇爲了捍衛自己的發明權而提出訴訟，但是案件不斷押後審訊，直到 1889 年梅烏奇逝世都未能解決，而這樁訴訟案也在七年後被撤銷，電話專利權之爭無疾而終，貝爾成爲舉世皆知的「現代

通訊之父」、「電話發明者」。梅烏奇在電話發明上的貢獻，在沉寂了將近一百三十年後，終於獲得平反。

註 【電話的發明—梅烏奇】

1808年生於義大利佛羅倫斯附近城鎮的梅烏奇，是最早發明電話系統的發明家。他於1850年移民美國之前，曾到古巴工作居住過一段日子，並且在那裡發現聲音能夠透過銅線中流通的電脈衝傳送，成爲日後發明電話的重要基礎。

梅烏奇從年輕時就對各種科學研究十分熱衷，工作之餘的時間幾乎全部用來做研究，並且發明了一種以電擊來治療疾病的方法。有一天，當他準備使用此方法爲朋友治療時，意外地聽到人在隔壁房間的朋友的驚呼聲，聲音似乎是透過一條連接兩個房間的銅線所傳送過來的。

梅烏奇敏銳地意會到，這是個重大的發現，經過十年努力的研發，終於設計出第一套電話系統，並且裝置在家中，讓行動不便的妻子可以透過這套原始的電話，從二樓房間即時與經常待在地下室做實驗的梅烏奇聯繫。

10. 電話發明的專利—貝爾

第一位擁有電話永久專利權的貝爾（Alexander

Graham Bell），1847年出生於蘇格蘭愛
丁堡，父親是著名的發音矯正暨聾人教
學專家。貝爾全家於1870年移居加拿
大，三年後獲得波士頓大學聘任為口語
生理學教師。他從十七歲就開始獨力從
事聲音的研究，並對利用電流傳送聲音
的可能性產生興趣。

　　貝爾在其助手湯瑪斯·華生
（Thomas Watson）的協助下，於1875年
設計出電話系統，並且於次年申請了專
利權。這套系統的概念，就是利用聲波振動控制電流的
強度，當電流傳送到話筒之後，會振動一片機械膜片，
進而帶動空氣形成聲波。

　　貝爾因擁有電話永久專利權，就籌資自組公司，
成立了「美國電話電報公司」，簡稱「AT&T」，一度
成為全世界最大的私人企業，一生享受這項發明專利為
他帶來的財富和尊榮。

①貝爾電話機。②貝爾像。

11. 第一輛自行車

自行車顧名思義就是指其不需藉助燃料，就可以騎乘，它的動力來源正是人的雙腳。透過雙腳踩動的能量，轉化為自行車的推動力，原理簡單，使用方便，是結合運動與代步的交通工具。

很少人確切的知道最早的自行車在哪個年代、由誰發明的，西元 1791 年的時候，法國人設計出兩輪的木馬車，不過一般人公認，德國的卡爾亢斯男爵才是自行車的發明人。卡爾亢斯男爵在 1817 年製造出一輛有把手的腳踏木馬自行車，發明創意來自於溜冰鞋的原理，他認為只要在兩輪之上放個座墊，人坐在上面，再用腳交互踩踏，車子就能像溜冰一樣前進了。

這項木製的發明於 1818 年正式取得法國和德國的專利權，成為「世界上第一輛自行車」。雖然它看起來像是玩具木馬，要靠人的雙腳在地上蹬才會前進，重量也比現在的自行車重好幾倍，但它的發明仍具有時代上重要的意義。在那個還沒有發明汽車、火車的年代，自行車成為馬車之外的交通工具新選擇，歐美各國也掀起多年騎玩具馬的風氣。

後來英國人將自行車的材質改良，以鐵製骨架替代，自行車從「木馬」搖身一變為「鐵馬」，技術好的人甚至可以騎出時速 13 公里的水準。西元 1839 年，英

國的冶鐵匠湯瑪斯・麥米倫（Thomas Macmillan）設計出一輛前輪大於後輪，並且在後輪加上了踏板和槓桿來驅動車子的自行車，騎乘時不再需要用腳踩地面去轉動輪子。

西元1869年，法國人發明了用鏈條來牽動後輪，1885年英國人將自行車的前後輪改良成一樣大小，發展至此的車型已具備了現代自行車的雛型。後來又有人發明了橡皮充氣輪胎，大大地改善了令人難受的震動問題，從此自行車已成為普遍受到喜愛的交通工具，也是時髦的戶外休閒運動。

12. 第一輛汽車

汽車（automobile）是一種主要為客貨運輸設計的自動推進車輛，一般構造是四輪，通常由使用揮發性燃料的內燃機驅動，約由一萬四千多個零件所組成。

在汽車被發明之前，馬車有很長一段時間是多數人非常倚重的交通工具。當工業革命後，法國人尼古拉斯・古諾於西元1770年將蒸汽機安裝在板車上，取代了原本的馬匹，製造出世界上第一輛使用機器動力的車輛。1860年，法國人艾蒂安・勒努瓦發明了內部燃燒汽油的發動機，而將汽車發展帶入新的階段。

　　雖然在十八世紀至十九世紀中葉已有一些實驗性質的交通工具出現，不過如果以安裝內燃機作為近代汽車的基本要求來追溯汽車的發明史，則要到一八八〇年代，由戴姆勒和賓士兩人於德國分別製造出符合此定義的汽車，汽車業的商業性生產才正式開始。

　　德國工程師卡爾・賓士於 1885 年製造出一輛裝有 0.9 馬力汽油機的三輪車，德國另一位工程師戈特利布・戴姆勒也於同時設計出一輛用 1.1 馬力汽油發動機作為動力的四輪汽車，他們兩人被公認為是以內燃機為動力的現代汽車發明者。

早期的賓士車。

13. 最長的汽車

　　美國加州的伯班克市有一位機械工程師設計了一輛世界上最長的高級轎車，車身全長為30.5公尺，共有二十六個車輪，車內甚至包括帶有跳板的游泳池以及特大的水墊床。有些超級汽車雖然無法在長度上取勝，於是轉而朝向車內配備著手，例如有一輛二十二輪、長20.73公尺的凱迪拉克「好萊塢之夢」，車內就配備了六部電話、一套衛星天線、小型高爾夫球場以及直升機降落緩衝墊超級配備等。

　　至於最長的公共汽車則有26.8公尺，可容納至少二百七十名乘客，由瑞典沃爾沃汽車公司在巴西的分公司負責生產。沃爾沃公司以其原有的公共汽車車型（長15公尺）為基礎，再加上兩節車廂，使得共有三節車廂的車身全長達到26.8公尺，重量有38.7噸。

14. 最小的汽車

　　目前世界上最小的汽車，是由戴姆勒‧克萊斯勒公司所生產的「Smart」汽車，這款車身只有2.5公尺的迷你轎車，

①普通長度的車身。②精緻小巧的金龜車。

主要銷售對象鎖定大都會裡飽受找不到停車位之苦的開車族。「Smart」車身雖小，但是普通汽車擁有的配備可是一樣都不缺，而且它的主控制板是用熱塑製造的，可以隨車主的喜好更換不同顏色的面板，讓座駕更具個人特色。

15. 會跳舞的機器人

能和擁有人一般個性的哆啦 A 夢一起生活，是許多小朋友的夢想。在日本，這個夢想正逐漸化為現實。

一開始機器人是應用在工業上，代替人類在危險環境中執行任務。但隨著 SONY 、 HONDA 等公司陸續地研發出各種新型的功能與外觀，機器人的動作愈來愈接近人類，不僅能拿東西、爬樓梯，甚至還能跳舞呢！

在這些跳舞機器人當中，有一個由 SONY 公司所研發、名為「QRIO」的機器人，誕生於 2002 年 3 月 19 日。它有三十八個關節、十八個感應器，能攝取影像、辨別聲音做出各種輕巧細微的動作，不僅能踢足球，還能夠隨著富有中國風味的樂曲打出一套行雲流水般的太極拳！透過不斷的升級，每次出現在觀眾的眼前，總是讓人吃驚它的進步，如果你想找人打打高爾夫，它可是樂於奉陪而且不容小覷哦！

16. 最早的加油站

二十世紀初期，零售汽油是以聽桶（tin）來計算，銷售通路主要是由雜貨店兼售，店家儲存大桶汽油，需要加油的駕駛人須自行用五加侖的小桶子來取油，再倒入油箱裡。西元 1907 年，加州標準石油公司在西雅圖設立了第一家加油站，設備包括一條供油管線、自貯油大油池、一座十三加侖的小油池、一具玻璃計量表以及一條閥控加油軟管，並且販售潤滑油，開始提供駕駛人更便利的加油服務。

17. 最貴的石油乾井

現代人的生活可說與「石油」脫不了關係，不僅我們每天使用的交通工具，像摩托車、汽車、飛機等要加油，許多日常生活所使用到的物品原料便是來自於石油，包括塑膠、人造纖維、洗衣粉……等。由於石油是由古代動植物遺骸經過複雜的生物和化學作用轉化，在長年累月的砂石累積和地殼變動的壓力所形成的，是數量有限的自然珍貴資產，向來有「黑金」之稱。

人類從十九世紀開始便大量地使用石油，大自然在千萬年的地質年代中所孕育出的原油，短短兩百年

間，就快要給消耗殆盡了。也因為如此，科學家們除了致力於開發替代能源之外，也積極地透過地球物理和地質評估的技術，四處探尋任何可能蘊含豐富黑金的油藏所在。每一口油井的開鑿都需花費相當高昂的金錢和人力成本，但付出的代價卻不一定會有相對的回收，世界上最昂貴的一口乾井就是個明證。

西元1983年，以「Sohio」石油公司為首的石油探勘群，在美國阿拉斯加北極圈附近的哈里遜灣，經過詳細的物理和地質評估分析後，認定地下有一個可儲存十五億至一百億桶原油的地層構造，於是投注了近兩億美金建造一座人工島，加上鑽井和礦權，總花費高達十五億美金（約相當於新台幣五百億元）以上，但在鑽穿了預定的目標地層後，卻只有發現少量的殘油，於是它便成為人類有史以來最昂貴的一口石油乾井。

18. 第一架飛機

想像能如同鳥兒般自在地遨翔在天際，是數千年來人類的夢想，為了實現這個夢想，有許多先驅者投入相當多的時間和心力，甚至付上寶貴的生命為

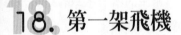
①萊特兄弟像。②飛行者一號。

代價。雖然當初抱持負面看法的人們譏諷地表示，上帝如果要讓人類能飛，當初創造亞當時，就會多加上一對翅膀；言下之意正是不相信人類終有飛上青天的一天。

　　但是西元 1903 年 12 月 17 日，世界上第一架載人的動力飛機終於飛行在美國北卡羅萊納州的天空。這架稱爲「飛行者一號」的飛機，發明者就是大名鼎鼎的威爾伯‧萊特和奧維爾‧萊特這對兄弟。

　　萊特兄弟從小就對機械配裝和飛行懷有濃厚的興趣，他們在中學畢業後從事自行車修理和製造行業，同時利用工作餘暇努力研發動力飛行器。他們蒐集前人有關飛行的著作，並認真地歸納總結許多前輩的經驗教訓，即使當時各地屢屢傳出試飛失敗和意外的消息，大多數人幾乎都快放棄「飛機能夠依靠自身動力飛行」的想法，萊特兄弟仍繼續堅持自己的研究。

　　經過一千多次的滑翔試飛，並在兩百多個不同的機翼進行上千次的風洞實驗後，萊特兄弟設計出較大升力的機翼形狀，並在 1903 年製造出第一架可以依靠自身動力載人飛行的飛機——「飛行者一號」，爲人類航空史寫下光輝的第一頁。

　　「飛行者一號」目前保存於美國華盛頓航空博物館內，是一架木製骨架的雙翼機，兩副兩葉推進螺旋槳由鏈條傳動，著陸裝置爲滑橇式，動力裝置是一台 70 公斤重、萊特兄弟自製的十二匹馬力水冷式活塞發動機。

19. 載重量最大的飛機

　　1985年，當時蘇聯為了解決運送太空梭到發射地的交通問題，領導人赫魯雪夫特別委託俄國飛機設計家安托諾夫，希望他能夠在三年之內設計製造出一架能「載送太空梭」的飛機。

　　安托諾夫曾成功地設計出以他為名的「安托諾夫AN-124」型軍用運輸機，能夠載送坦克車等重物，且能輕易地配合跑道，是當時舉足輕重的飛機設計家，難怪能成為當時蘇聯政府心目中的不二人選。他以軍事機安托諾夫 AN-124 作為新機種的參考範例。

　　在共黨獨裁的時代，製造一架巨無霸飛機所需的資金與人力都不成問題，倒是這架待設計的飛機必須能夠載送太空梭，還要能配合現有的跑道需求，才是設計

 超級客機。

上的大難題。

　　當「安托諾夫 AN-225」完工時，長度超過82公尺（相當於足球場上從一球門到另一球門的距離），寬度73公尺，外加六個巨大的渦輪引擎的機身。在當時，這個巨無霸甚至招來「這麼重的飛機飛不起來」的譏諷，但是安托諾夫以實際的成果證明了自己的能力，也贏得了頭號美譽，成功製造出全世界載重量最大的一架飛機。

　　「安托諾夫 AN-225」內可載重250噸，外可載重250噸（當初要載送的太空梭重約90噸），耗油量相當可觀，最大航程僅有4500公里。蘇聯解體後，這架全球獨一無二的超級運輸機曾一度被棄於角落，甚至被一點一點的分賣零件以換取現金，來維持飛機製造商的經濟情況。

　　十年後，烏克蘭的航空專業人員認為這項難得的資產不應該被遺忘，因此經過整理與安裝新技術儀器後，巨無霸又重新飛上青天，改走商業路線，接受一般企業委託以運送超大型貨物。它曾於2004年8月首次飛抵台灣，為友達光電載送中科六代廠彩色濾光片的生產設備。

20. 最早的麻醉手術—中國篇

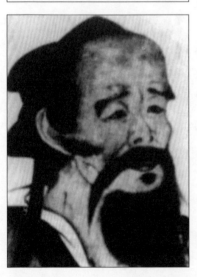

人體的皮膚布滿了許多神經，因此皮膚有非常敏銳的各種感覺，包括不太受到歡迎的痛覺等。事實上，痛覺是人體的一種防衛機制，藉著痛覺，可以幫助我們及時避開或減少傷害。不過在進行醫學手術的時候，痛覺就成為疾病之外，另一個必須解決的問題了。

在還沒有發明麻醉藥劑之前，醫生很難對病患進行太深入的治療，即使是像蛀牙（齲齒）之類的疾病，病人往往也要忍受來自治療時的疼痛，作為換取健康的代價。麻醉醫學從早期的摸索、實驗，發展到近代成為現代臨床醫學中一門重要的分支學科，其間經歷了相當漫長的歷史。

根據中國史書的記載，早在西元前一世紀左右，名醫扁鵲就曾經有使用「毒酒」，讓病人陷於「迷死」狀態後施行手術，再用「神藥」催醒的成功案例。至於東漢末年（約西元二世紀）的華陀，據說他發明一種名為「麻沸散」

①華陀刮骨療傷。②華佗像。

的藥劑，作為外科手術的麻醉劑，可以讓人「既醉無所覺」，讓病患在不覺疼痛的情況下，進行腹腔腫瘤切除、腸胃、骨骼等外科手術，相對地也提高了病患的存活率。

華陀發明的「麻沸散」是中藥麻醉劑，對外科醫學具有極大的貢獻，且比西方醫學界使用乙醚、笑氣等麻醉劑來進行手術，還早了一千六百年。可惜的是，華陀在西元 208 年左右被曹操所殺，未能來得及將他在醫學領域的諸多研究著作集結成書，「麻沸散」也因此失傳了，實在令人遺憾。

21. 最早的麻醉手術—西洋篇

「麻醉」的英文「anesthesia」起源於法文，字義就是麻木、沒有知覺的意思。在醫學上是指以針劑或藥物的作用，使人體的全部暫時失去知覺或局部無痛覺，以創造利於施行手術的環境，達到治療的目的。

根據記載，在麻醉劑發明之前，要讓病人暫時失去痛覺有三種常見的「麻醉」手法，這些手法現在看起來是很殘忍的：一是「窒息法」，使患者因為窒息後意識暫時喪失而達到無痛的效果；其二是「震盪法」，用一只木碗扣在病患的頭上，再用木棍猛擊木碗，造成患

者腦震盪而暫時失去知覺；其三是「緩痛法」，也就是用冰塊或冰冷的水放置在患者的病變部位、或是壓迫患者的局部神經，以減輕疼痛，然後施行外科手術。

近代最早發明全身麻醉劑的紀錄，是十九世紀英國的化學家戴維，他在某次牙疼的時候，走進一間充滿一氧化二氮（N2O）氣體的實驗室中，牙疼的情況竟然減緩了。在好奇心的驅使下，戴維又做了許多實驗，證明了一氧化二氮的確具有麻醉作用。一氧化二氮是一種無色氣體，具有微甜和令人愉快的氣味，止痛效果出現前會令人出現輕微歇斯底里，有時發出笑聲，所以又被稱為「笑氣」。

西元 1846 年，威廉摩頓受到化學家傑克遜的啟示，採用乙醚作為麻醉劑，成功地進行了世界上第一例麻醉手術。

時至今日，麻醉學已成為一門研究臨床醫學、重症監測治療、生命急救與復甦及疼痛治療等的學科；由於麻醉學的進步，許多過去被認為不適合開刀的疾病和患者，如今都已能安然地藉由手術重獲健康，麻醉醫師的角色也日益重要且複雜。

22. 最早的紙

早在距今五千年前，古埃及人已經會用生長在尼羅河下游沼澤地帶的野生植物——紙莎草（或稱「紙草」），來製作一種稱為「紙莎草紙」（papyrus）的書寫材料。

「紙莎草紙」也稱作「紙草紙」，約在西元前三千年就廣泛被使用，紙的英文「paper」這個字，即是源自拉丁文的「紙莎草紙」，由此也可看出這種紙在西方社會應用的廣泛和歷史的悠久。紙草紙大約在西元十世紀左右，逐漸被取代而退出市場，近代直到西元1752年才在義大利發現紙草紙的文獻出土。

紙莎草紙。

紙草紙的主要原料——紙莎草是生長於尼羅河邊的一種綠色草本植物，高１～３公尺左右，直徑約１０公分。紙草紙的製作方法，是先將其綠色的硬皮削去，留下淺色的內莖削成薄片狀，一片片地排列整齊，然後在上面塗抹黏稠的液體，再用大石塊壓在上面，使它壓縮成薄薄的紙狀，經過乾燥處理後，就成爲可以用來書寫文字的紙草紙了。

　　紙草紙的發明，是古埃及對人類文明的偉大貢獻。它不僅是當時代重要的書寫材料，同時也是古埃及重要的出口物資，因紙草紙也是古希臘人、古羅馬人、腓尼基人、亞述人、阿拉伯人等廣泛使用的書寫材料。現存以古埃及文、古希臘文、古羅馬文和阿拉伯文等文字書寫的紙草紙文獻，數量高達十萬張之多，保存了大量的古代法律、宗教銘文、天文地理、文學、數學知識等珍貴的文化遺產。

　　紙草紙不僅是書寫材料，可用來記錄文字或圖象，它還可以用來製造船、衣服、繩索等。直到現在，我們還可以在非洲的某些地方看到用紙草紙做成的船隻。

　　目前發現年代最古老的紙草紙，是從墳墓挖掘出土的無字紙，距今大約五千多年；載有文字的紙草紙文獻距今也有四千五百多年的歷史，比中國甲骨文還早了近兩千年。

23. 最早的鉛筆

　　鉛筆是指一種以石墨為芯、木作殼的書寫工具。石墨於十六世紀被開採出來，據說在西元1564年的某一天，英國一位牧羊人在一場狂風暴雨後，發現一棵被吹倒的大樹，樹根附近出現一大堆墨色的礦物質，也就是「石墨」。當地的牧羊人發現石墨有一項用途——可以用來在羊群身上作記號，漸漸地有愈來愈多的商人和店家也效法牧羊人使用石墨，在貨物和商品上書寫記號。這種原始的鉛筆畫出的線條粗黑又清晰，可惜石墨易碎，使用起來不是很方便，也容易弄髒手。

　　西元1761年，德國化學家法貝爾經過多次研究後發現，先將石墨磨成粉，再滲入硫磺、銻和樹脂，加熱凝固後壓製成一根根的石墨條，只要再包上一層紙捲，這種硬度適中、書寫流暢且不易弄髒手的「鉛筆」就可以拿到商店販售了。

　　西元1789年法國化學家兼發明家孔特嘗試在石墨中滲入黏土，發現這樣做出來的鉛筆，書寫效果更好，還可以依照需要加入不同性質的黏土，而得到「硬鉛筆」或「軟鉛筆」。

　　不過鉛筆在十九世紀之前，都還只是一根細條，很容易折斷，直到西元1812年，美國麻州一位木匠兼修補匠威廉‧門羅讓鉛筆穿上木製外衣，先用機器製造

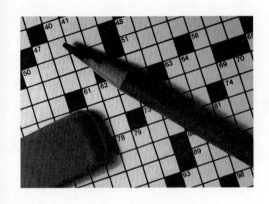

出標準化的木條，每條長18公分，並在木條正中挖出一條可以放置鉛筆芯的凹槽，然後將兩片同樣挖有凹槽的木條中間嵌入一根石墨條，再以膠水將兩片木條黏緊，第一支現代鉛筆就此誕生。

24. 最早的迴紋針

　　迴紋針的使用，在世界各國的文書資料整理上，早已是非常普遍的小工具。在迴紋針被發明出來之前，人們只能用針穿線的方式，將整疊文件綁在一起。但是這樣針會損害紙張，也可能刺傷使用者的手指頭。

　　後來有一位挪威人，名叫約翰‧瓦萊，他運用巧思，使用彎曲的金屬絲（也就是迴紋針）來夾文件。因為挪威當時並沒有專利申請制度，所於他於西元1899年在德國申請雙橢圓造型的「迴紋針」專利權。

　　不過最早的迴紋針也有缺點，就是金屬絲的末端還是很容易戳破紙張，而且也很難做出可以大量生產迴紋針的機器，必須要靠手工製作，導致迴紋針的造價成本始終很難藉著大量生產而降低。

今日的鉛筆。

後來，美國康乃迪克州的一位工程師威廉・米德爾・布魯克發明了一部可以使金屬絲彎曲的機器，製造出不會損傷紙張，並且適合機械化大量生產的迴紋針。他的機器所製造出來的迴紋針有一個「雙重環圈」，跟我們現在使用的迴紋針非常相似，在當時以「寶石牌紋迴針」而出名，成為迴紋針的標準格式。

　　時至今日，迴紋針還可加上不同顏色的塗料，讓使用者方便藉以分類文件，實在是便宜又好用的辦公文具。不僅如此，挪威人在二次世界大戰的時候，還一度流行在衣服上佩戴迴紋針，來彰顯他們的愛國心呢！不曉得你對於身旁唾手可得的迴紋針，有沒有什麼令人耳目一新的特殊用途呢？

25. 最早的相機

　　對現代人而言，照相機早已是司空見慣、不足為奇的用品，自從數位相機問世後，更讓照相技術進入一個嶄新的時代。不論是傳統相機或數位相機，都是利用「針孔成像」的基本原理，將景物拍攝下來。

　　相機的英文叫做「camera」，這個字其實是源自

最早的相機。

希臘語「camera obscura」，爲「黑暗房屋」之意。早在西元十一世紀，中國宋朝時期的科學著作《夢溪筆談》中，就有關於「針孔成像匣」的詳細敘述，其原理是：當光線由很小的孔進入黑暗的房屋時，那麼屋外的景物就會顯影在小孔相對的牆壁上。後來，黑暗的房屋演進成爲暗箱。

到了十六世紀文藝復興時期，歐洲已出現了專供繪畫使用的「成像暗箱」，供畫家們作爲選景繪畫的工具，暗箱開始具備反光鏡和可前後移動的鏡頭（讓影像清晰的投影，也就是對焦）等新功能，已經可以說是和目前的相機基本結構一樣，只是差在還沒發明出底片顯影的技術罷了！

西元 1826 年，法國光學機械商舍瓦利耶製造出世界上第一台照相機，拍出第一幅相片──《窗外景色》。

西元 1839 年，法國畫家達蓋爾運用碘蒸汽處理拋光塗銀的金屬板，推出了「達蓋爾銀板攝影術」；同時期英國有人發明並製造出用明膠溴化銀乳劑做的感光板，利用銀的感光性原理，把景物的投影記錄在軟片上而得到相片，世界上第一台可攜式木箱照相機於焉問世。

第一幅相片──窗外景色。

經過一百四十年的不斷研究發展，西元 1981 年由日本 SONY 公司推出第一台數位相機（Digital Still Camera），相機從此進入數位時代。

26. 最早的指南針

指南針是一種能夠幫助我們辨別方向、方位的工具，最常使用於航海、航空事業及登山活動等。在發明指南針之前，人類只能依賴印象或過去累積的經驗來判斷方向，因此很容易因為方向沒有掌握好而繞了遠路，有時不只曠日費時，甚至迷失方向的情況也是常有的。

指南針是利用磁鐵「同極相斥、異極相吸」的原理，透過一根可以在水平方向自由旋轉的針式磁鐵，根據磁針的兩端分別指向地球磁場的兩極，而成為準確可靠的方向指引。

常見的指南針主要分為兩類。一類是利用上述提及的地球磁場原理所製成的指南針，它的磁針永遠指向地球的南北兩極，原來地球本身就是一個巨大的磁鐵；另外一種指南針，是利用高速旋轉的迴旋盤所製成的迴旋式指南針。

古代中國的指南針——司南。

早在中國北宋時代，《夢溪筆談》的作者沈括在書中就留下了歷史上對指南針最早的記載，不僅包括指南針的製作方式，還有關於地磁偏角的記錄以及四種放置指南針的方式，像是把磁針橫貫燈芯、架在碗沿或指甲上以及用絲線懸掛起來等方法，其中沈括認為用絲線將磁針懸掛起來的指向效果最好。

　　雖然指南針的原理是由中國人在一千多年前發現的，但後來經由阿拉伯人傳到地中海，義大利人最先接受並且開始應用在航海活動，爾後才傳到了西歐地區。如此一來，西方世界便認為最早發明指南針的是義大利人了！

27. 最古老的時鐘

　　古代的天文學家雖然能夠藉著星宿的移動來區分年分和月分的轉換，然而「小時」的計算就有困難了。至於決定「分」、「秒」的存在，已是更近代的事情了。有關鐘錶的發展史，早在西元前 1500 年，古埃及人就已經懂得利用太陽和水來估算時間。

　　日晷就是利用太陽照射的光影，來區分時間的早晚。最原始的設計就是直接在地上插一根棒子，等太陽西下的時候就會拉出比較長的影子。後來，人類學習在

投影處加上比較精細的切割，就可以把時間分割為較小的單位，像是在英國古代石柱群中的發現，當時的人們可以對約定的時間，具有較客觀的指標，例如：「當太陽的影子出現在第二塊石頭的一個巴掌寬的時候」。不過等到太陽下山或是雲層太厚的時候，日晷就一點用處也沒有了。

於是又有發明家設計出「水鐘」，用一個水缸裡滴出來的水量來計算時間。水鐘各有不同的長相，不過原理都是利用讓水流滴過一個洞，然後計算其滴量來推估時間。在西元1700年左右發明鐘擺之前，水鐘一直是沒有太陽的時候，最準確的計時工具。參考水鐘設計的邏輯，人類使用其他會流動或會消耗的物質來計時，例如燃燒油脂或是蠟燭，還有沙漏。

現存最古老的機械鐘，出現於十三世紀末的歐洲修道院，但鐘面上並沒有指針或時間刻度，須靠看鐘人敲鐘報時。計時器的硬體技術一直到十六世紀快結束的時候，才隨著伽利略發現鐘擺原理而大幅度的突破。伽利略發現，在鐘擺擺動的幅度和週期之間，有一定的關係。又過了幾十年，荷蘭數學家惠基斯（Christian Huygens）才發明了世界上第一個鐘擺。

28. 最早的手錶

　　西元 1290 年前後，英國和義大利的修道院裡出現了大型機械鐘，用來幫助修士們按時進行日常宗教活動，雖然當時的鐘面上並沒有指針，但是依據古巴比倫的二十四小時均分法原則，看鐘人仍然能夠定時地敲鐘報時。

　　隨著人們對計時精確度的需求和機械錶技術的不斷提升，分針和秒針陸續被安裝在鐘面上，使機械鐘能夠準確地顯示時間。到了十五世紀，由於螺旋彈簧的發明以及發條裝置的應用，機械鐘才得以擺脫笨重的鐘擺，逐漸成為小巧精緻的工具，不但計時更為精準，同時也逐漸走入家庭，深入每個人的生活中。

　　在中世紀的時候，龐大的計時器是屬於公共場合的裝設，而後進入家庭，然後又演變成為可攜帶的懷錶（掛錶），到了現代，甚至已可以植入人體了（如心律調整器）。

　　最早的錶大約是十六世紀才開始出現，那時錶的體積還很大，所以是多半掛在腰間的皮帶上，或是裝上鍊條成為懷錶。至於錶面被設計成我們今天所熟悉的模樣，則是西元 1850 年以後的事。

手錶是由懷錶演變而來。

29. 最早的留聲機

「留聲機」（phonograph）又稱「電唱機」，是一種使保存之聲音並能夠重新播放的裝置。留聲機的唱片是以針在旋轉表面的蜿蜒紋道上，刻出一連串的波紋來儲存聲波，放聲時另一針與紋道接觸，當唱盤旋轉時，會再變成聲音。世界上第一台留聲機的發明人，正是鼎鼎大名的發明大王——愛迪生。

愛迪生根據電話傳話器裡的膜板隨著說話聲會引起震動的現象，拿短針做了實驗，他發現聲音的快慢、高低會讓短針產生相對不同程度的顫動，因此大膽地假設，透過這些顫動應該也能還原、發出原本的聲音。

西元1877年，愛迪生和助手製造出一台由大圓筒、曲柄、受話機和膜板所組成的大機器。愛迪生取出一張錫箔，捲在刻有螺旋槽紋的金屬圓筒上，讓針的一頭輕擦著錫箔紙轉動，另一頭和受話器連接，對著受話機開始唱起歌來。唱完後愛迪生又將針放回原處，然後搖動曲柄，隨著金屬圓筒的轉動，機器緩緩地播出了愛迪生先前所唱的歌聲。這台會唱歌的機器就是最早的留聲機。

十年後，愛迪生改良留聲機的設計，把大圓筒和曲柄改換成類似時鐘發條的裝置，再由馬達來帶動一片大又薄的蠟製圓盤，自此後留聲機才開始普及起來。

隨著研發技術不斷進步，留聲機進入立體音響系統。所有的現代留聲機系統都有下列共同的部分：一為帶動唱片旋轉的圓盤，二為沿唱片紋道走動的唱針，三為把唱針的機械振動轉換成電脈衝的揚聲器，四為增強電脈衝的放大器，五則為將放大信號還原成聲的揚聲器。

　　直到 1980 年代留聲機和唱片被卡式錄音帶和光碟大量取代前，它們是在自家中聽音樂的主要工具。

30. 全世界第一條拉鍊

　　「拉鍊」在現代人的生活中，可以說是無處不在，舉凡牛仔褲、洋裝等男女裝，皮包、提袋等配件，甚至球鞋、領帶，也可以看到拉鍊的蹤跡，不過拉鍊的發明，可不是一開始就受到大眾的歡迎喔！

　　西元 1893 年在芝加哥舉辦的哥倫比亞博覽會上，有一項裝在鞋子上，名為「牢繫物」（fastener）的新奇展品吸引了眾人的目光，這是由芝加哥的機械工程師裘德遜發明的巧思，用以取代鞋帶。

　　原來裘德遜每天都為綁鞋帶的麻煩而苦惱，有一天突發奇想，將一排小鉤子和一排小扣孔組合在一起，底部裝上一個活動的滑片，只要將滑片往上拉，鉤子和

扣孔就可以一對一地緊密相連著，滑片往下拉，鉤子和扣孔就可以順暢地分開，實在比綁鞋帶方便多了。這就是「全世界第一條拉鍊」的問世。

裘德遜於 1893 年獲得這項發明的專利權，但當時的拉鍊須依靠手工製作，造價十分昂貴，而且扣入的鉤子也蠻容易從扣孔中脫開，所以拉鍊並未如預期地受到消費大眾的喜愛。裘德遜於 1905 年將「牢繫物」改良為鋸齒狀，縫在衣服上以代替扣子，可是這樣的改良還是不太牢靠，常有令人臉紅的情況發生。

歷經二十年的不斷研發和改良，1913 年終於推出一種最新產品，是用銅板軋製成一排一排細密的銅齒，再把兩排銅齒相對夾在布條上，底部安裝一個可以活動自如，且可上擋以防止滑落的滑片。這個新產品在拉合或拉開時總會發出一種咻咻（zip）聲，因此取名為「zipper」，這就是現在常用的拉鍊英文名稱。

31. 最早的抽水馬桶

在人口密集的大都會裡，如何處理所有人每天的排泄物，攸關居民的生活品質和健康。「沖水馬桶」的發明可以說是一項重要的里程碑，它不但大幅減少了傳染病的發生，也使都市面貌更為乾淨，可以說是間接促

使近代大都市興起的間接原因之一。

　　我們目前使用的抽水馬桶，其原型可以追溯到西元1596年。當時的英國女王伊莉莎白一世，經常抱怨宮殿裡的便器惡臭難聞，她的一位大臣約翰・哈靈頓爵士（Sr. John Harrington）於是爲她設計了一個附帶水箱的抽水馬桶，女王非常喜愛這項貼心的發明，不過這發明還有美中不足之處，就是排泄物的臭氣有時還是會沿著下水管道回流到房間來。

　　將近二百年後，英國人亞歷山大・卡明斯（Alexander Cummings）於西元1775年改良了哈靈頓爵士的設計——他從咕咕鐘的發條得到靈感，在馬桶上裝置一個像咕咕鐘的大水箱，水箱外面連接一支扣著鏈子的拉桿，拉桿又連接水箱裡的閥門，設計出活動式的閥門，使用者如廁後只要抓住鏈子，拉下拉桿，閥門就會自動打開，使水箱裡的水流出來，把馬桶沖乾淨，污水則排到屋外的水溝去。

　　三年後，發明家約瑟夫・卜拉摩（Joseph Bramah）又針對抽水馬桶的閥門提出專利申請，他用一個曲柄操作的葉片閥門，取代了原本箱重的滑動閥，以同一根槓杆控制沖水及上方水箱注水閥門的開關，這也是現代浮球閥的前身。同時，每次沖水後再藉由少許的水堵住出口，以防止臭氣逆衝上來，這樣的設計一直沿用到十九世紀八〇年代都沒有多大的改變。

32. 最早的保險套

　　根據俄羅斯科學家的研究，最早發明保險套的年代，可以溯及西元前十三世紀的古埃及。他們發現，古埃及人是最早實行計劃生育的民族，當時由於尼羅河谷的人口過多，為了控制人口的成長，古埃及人對於如何避孕有不少獨到的發明。

　　為了降低女性的懷孕機率，古埃及人用動物的皮革和腸子製作成保險套，經濟能力較差的老百姓則使用牛的膀胱或魚鰾，一樣也有不錯的避孕效果。

　　在一些古埃及和古羅馬時代的藝術品上，也可以看到繪有貌似今日保險套的物品，其實最早的保險套除了可以避孕，也是古埃及部落民族用來防止昆蟲叮咬、受傷或感染的護套。

　　至於歐洲最早使用保險套的紀錄，可以在法國南部多得耶的坎巴勒雷斯窯洞壁畫中發現，這是歐洲人最早使用保險套的證據。

　　到了西元 1492 年，哥倫布的水手們把梅毒從美洲的海地帶回到西班牙，一年後又傳到法國、德國和瑞士。由於當時性觀念的放縱，使得梅毒橫掃全歐洲，短短十年的時間，這種病毒便征服了全世界。因此早期的保險套主要功能並不是用來避孕，而是防止性病的傳播。

世界上有關於保險套的文字記載，最早出現在西元1564年的義大利帕多瓦大學，有一位解剖學家，名叫加布里瓦‧法羅皮奧，他發明一種浸了藥液的亞麻布製保險套，並表示這可以用來預防性病及避孕。

至於現代的保險套（condom）則是在十七世紀晚期，由一位名叫約瑟夫‧康得姆的英國醫師，採用小羊的盲腸製作而成，因此保險套就以他的姓氏「Condom」命名。到了十八世紀，保險套的避孕功能已獲得普遍肯定。

33. 最早的溫度計

溫度是一個基本物理量，人類雖然可以透過皮膚來感覺溫度的高低，但每個人對溫度的敏銳度不同，比方說同一杯水對不同的人而言，水溫就有不同的感受，而這種感受因為缺乏具體數值，很難相互比較。在溫度計發明之前，人類對溫度的評估只能依靠推測。

第一支依據科學原理製造出來的溫度計，出自義大利科學家伽利略之手。西元1592年，曾經接受過幾年醫學院訓練的伽利略受到友人的請託，希望他能幫忙發明一種用來探測病人是否發燒的儀器，因為這對後續的診斷和治療非常重要。

正當伽利略不知從何著手來設計可以偵測溫度的儀器時，羅馬教皇召他前去審查一件稀奇的「永動機」，那是一件玻璃製成的裝置，水在密閉的容器中不需要任何能源，卻可以周而復始地循環流動。伽利略仔細觀察了幾天之後發現，造成水流的能量是來自晝夜溫差引起氣體膨脹產生壓力，進而驅動了水的循環。

　　這個發現讓伽利略聯想到，可以嘗試利用溫度的變化導致液體水位的移動，這樣一來，無形的溫度就可以化為有形的現象。於是他做了一段帶有刻度的玻璃管，一端開口，另一端則是個可以用手握住的空心圓球，將玻璃管開口的一端插入盛水的碗中，請病人用手心握住圓球，當病人的體溫愈高，圓球中的空氣就膨脹得愈厲害，玻璃管中的水位也就下移得愈多，醫生只要根據水位刻度的變化，就可以客觀地比較病人體溫的變化。這便是世界上最早的空氣溫度計。

第八篇

人文館

1. 歷史最久的高額獎金

第一屆諾貝爾獎（Nobel Prize）於西元1901年頒發，迄今已逾一百年。諾貝爾獎最初僅設立五個獎項，包括物理獎、化學獎、生理與醫學獎、文學獎及和平獎，頒贈給在上述五大領域中有重大貢獻的傑出人士。其中物理、化學、生理或醫學這三個自然科學獎項，憑著評選過程的公正性、科學性和權威性，備受世人推崇，可以說是全世界科學事業的最高榮譽。

西元1968年，瑞典中央銀行出資增設「諾貝爾經濟學獎」（全稱為「瑞典中央銀行紀念阿爾弗雷德‧貝恩哈德‧諾貝爾經濟科學獎金」），該獎項從1969年開始，與其他五個獎項同時頒發。

諾貝爾獎是依據發明硝化甘油炸藥的瑞典化學家──阿爾弗雷德‧貝恩哈德‧諾貝爾（Alfred Bernhard Nobel）的遺囑，以其部分遺產作為贈獎基金而創立的。諾貝爾逝世於1896年12月10日，他在辭世的前一年就已先立下遺囑，希望將遺產的大部分（3100萬克朗，約920萬美元）用來成立基金會，透過低風險的投資，將每年的利息收入分成五份，頒發給物理、化學、

諾貝爾獎獎章的正反面。

生理或醫學、文學及和平等五大領域的優秀人士。

　　獲獎者除了可以領到巨額獎金支票外，還有金質獎章一枚和獲獎證書乙紙。其中獎金的數目要視基金會的收入而定，獎金的面額由於通貨膨脹之故而逐年提高。1901 年 12 月 10 日——諾貝爾逝世五週年紀念日當天，第一次頒發諾貝爾獎時，每項獎金約爲 15 萬瑞典克朗（當時約值 4 萬 2 千美元）；一百年後，2004 年的獎金數已高達 1000 萬克朗（約值 142 萬美元）。

2. 第一位榮獲諾貝爾獎的女性

　　舉世聞名的諾貝爾獎，從西元 1901 年成立並頒布第一屆得獎名單至今，已有超過一百年的歷史。遵照創立人諾貝爾的遺囑，得獎與否的評選標準只有「成就及貢獻」，而不考慮獲獎人所屬之國籍、民族、意識形態或宗教立場等。但是一百多年來，諾貝爾獎獲獎人的性別，幾乎清一色都是男性。以自然科學獎項（物理、化學、生理與醫學獎）爲例，一百多年來共有四百九十四位科學家獲獎，然其中只有十一位女性。

居里夫人。© The Nobel Foundation

第一位獲得諾貝爾獎的女性，是大名鼎鼎的居里夫人（Marie Curie）。這位波蘭裔的法國物理學家、化學家，和夫婿居里先生觀察到貝克勒爾所發現的放射性現象，繼而發現放射性元素「釙」和「鐳」，兩人共同榮獲1903年諾貝爾物理學獎。

　　居里夫婦是諾貝爾獎歷史上第一對共同獲獎的夫妻，而居里夫人的獲獎不但是第一位獲獎的女性，她更是第一位「兩度獲獎」的女性，到目前為止也是唯一的一位。更難得的是，居里夫人兩度獲頒的還是分屬不同領域（物理學獎和化學獎）的獎項。

　　居里夫人一生的事蹟，處處都顯示出她堅毅不拔、頑強不屈的個人特質和偉大情操。她在沙俄統治的波蘭出生，卻仍堅持突破重重困難，努力求學，並成為全歐洲第一位女博士，同年也成為第一位榮獲諾貝爾獎殊榮的女性。在居里先生意外車禍過世後，她不但沒有被傷痛擊垮，還堅強地接續夫婿未完成的夢想繼續奮鬥，走上大學學術講台，成為法國巴黎大學創校六百五十年來首位的女性講師。

居里夫婦。

居里夫婦的長女伊倫・約里奧・居里（Irene Joliot Curie）承繼了父母在科學上卓越的研究精神，於 1935 年與夫婿研究並合成人工放射性元素，因而榮獲諾貝爾化學獎，成就諾貝爾獎史上唯一母女皆獲獎的佳話。

3. 第一位榮獲諾貝爾和平獎的非洲人

諾貝爾和平獎是遵照創立人諾貝爾的遺囑，由挪威議會的五人委員會來評審，每年將和平獎頒給「曾為促進國家之間的友好、為廢除或裁減常備軍隊，以及為舉行和平會議盡到最大努力，或做出最多貢獻的人」。

2004 年的諾貝爾和平獎得主——旺加里・馬塔伊（Wangari Maathai），她是一位生物學家，也是中東非第一位獲得博士學位的女性。為了全心投入環保工作，馬塔伊放棄了薪水豐厚的大學教職，還曾經為環保運動而身陷牢獄。她於 2003 年進入政府部門工作，成為肯亞政府六位女性部長級官員之一。

馬塔伊曾動員成千上萬貧窮的非洲婦女，進行一

項綠化工程，陸續種植了約三千萬棵樹，設立了六千多個苗圃。在保護生態環境的同時，也爲上萬人提供了就業機會。如今，許多非洲國家紛紛效法肯亞的這項措施，響應「綠帶運動」（Green Belt Movement）。

旺加里‧馬塔伊女士是諾貝爾獎創立以來，第一位獲獎的非洲人士。此次的獲獎，同時也是和平獎首次對保護和改善環境工作給予肯定，這個舉動賦予了和平獎更新、更廣的含義。

馬塔伊說：「從和平的角度來看，環境非常重要，因爲一旦環境被破壞、資源枯竭時，我們人類就會爲此大打出手。」挪威諾貝爾委員會在揭曉和平獎得主的聲明中表示，旺加里‧馬塔伊獲獎的原因是：「身爲肯亞的『環境和自然資源部』副部長，馬塔伊領導的環保組織發起的『綠帶運動』在非洲廣植三千多萬棵數木，並致力於爭取婦女權利，兼顧改善生態環境和社會狀況的責任；我們認爲馬塔伊很有代表性，她是非洲致力於推進和平、改善人民生活環境的力量之象徵。」

4. 學歷最低的諾貝爾化學獎得主

2002年10月，當瑞典皇家科學院宣布該年度化學獎的得獎名單後，諾貝爾獎歷史上又新添了一筆，出現

了一位顛覆諾貝爾化學獎百年傳統的第一人：創下以大學學歷、上班族身分獲獎的首例，他是日本科學家田中耕一（Koichi Tanaka）。

1959年出生於日本富山縣首府富山市的田中耕一，1983年畢業於日本東北大學電氣工學系，獲得學士學位。他榮獲諾貝爾獎時年僅四十三歲，任職於京都市「島津製作所」，是該公司的研發工程師、分析測量事業部生命科學商務中心、生命科學研究所主任。

所有生物都含有包括DNA和蛋白質在內的生物大分子，釐清這些大分子的「真面目」是許多科學家終其一生的夢想。田中得獎的原因正是發明了對生物大分子進行確認和結構分析的方法，並發明了對生物大分子的「質譜分析法」，與美籍研究者約翰‧芬恩（John B. Fenn）、瑞士籍研究者庫特‧烏特里希（Kurt Wuthrich）同獲2002年化學獎殊榮，以表彰他們在生物大分子研究領域的貢獻。

簡言之，田中耕一的研究領域，是生物的蛋白質高分子結構；而使他獲此殊榮的關鍵則是一篇他早在二十五歲時就已提出的論文，並且曾於三十歲時因此獲得日本質譜儀分析學會獎勵獎，他所任職的公司「島津製

田中耕一。©The Nobel Foundation

作所」也頒發五千元日圓作爲鼓勵。

田中耕一的獲獎，不僅令向來看重「高學歷」的日本人跌破眼鏡，也刷新了諾貝爾化學獎向來由具有博士學位的學術界人士包辦的傳統，並創下「最年輕的獲獎者」之紀錄。

5. 最早的報紙

報紙泛指那些每天、每週或者在其他規律的時間發行，提供新聞、觀點、特別報導和其他涉及公共利益之資訊的出版物，通常還會刊登一些廣告。

現代報紙的前身早在古羅馬時代就已經出現，稱爲《通報》（Acta），拉丁文原意是指「活動」，用以刊載古羅馬公共事務的日常紀錄以及政治、社會事件的公報。

西元前59年，凱撒下令將元老院的日常活動（即《每日新聞通報》和《元老院通報》）公諸於世，後來雖在奧古斯都時代被禁，但元老院的活動仍然繼續作記錄，只要得到特准，還是可以看得到。此外還有《城市每日新聞通報》，刊載公共集會和宮廷的活動，以及出生、死亡、結婚和離婚等消息。這些通報在當時已成爲

18世紀的荷蘭小報。

一種日報，相當於現今報紙的原型。

　　不過，真正以活字印刷且固定出刊的報紙，則要等到十七世紀才出現在德國，但仍比美、英、法等國的報紙早了五十年到一百年。

　　第一份英語日報是從西元 1702 年發行至 1735 年的《每日新聞》（Daily Courant），在這份報紙問世前十二年，美國波士頓曾發行一份可以說是美國有史以來最早的報紙《公共事件》，可惜只發行一期就遭到政府查封，未能符合報紙「固定頻率發行」的特點。美國第一份真正連續出刊的報紙是 1704 年發行的《波士頓新聞信》（Boston News-Letter）。

6. 最暢銷的書

　　若以古騰堡印刷術為起始點（不計之前的手抄書時代），世界上最暢銷的一本書首推基督教的唯一經典──《聖經》，它也是西方世界第一本印刷品。

　　一般所稱的《聖經》，分為《舊約聖經》和《新約聖經》。《舊約聖經》共三十九卷，大約成書於西元前 1500 多年到前 400 年之間；《新約聖經》共二十七卷，完成於耶穌基督升天後到西元 96 年之間。《聖經》全書共六十六卷，原文是由希伯來文、希臘文和亞蘭文

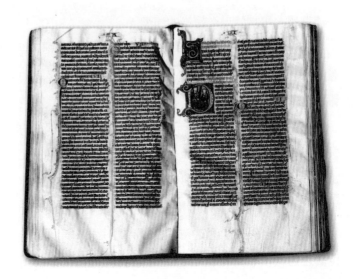

所寫成，能識讀這些古老語言文字的人雖然已經寥寥無幾。然時至今日，《聖經》已被翻譯成二千多種語言文字，在全世界的銷售數量也早已超過四十億本，目前每年平均的銷售量仍高達三千萬本，穩居全世界最暢銷、也是最「長銷」的書。

　　《聖經》是基督教信仰的根基和依據。全書內容是由大約四十幾位作者在不同的時代背景下，受到上帝的默示而寫下來的。這些作者不但所處的時代不同，職業、地位和寫作環境也有很大的差異，比如摩西是政治領袖、約書亞是軍事領袖、大衛和所羅門是以色列的君王、但以理是宰相、保羅是猶太律法家、路加是醫生、彼得和約翰是漁夫、阿摩司是牧羊人、馬太則是稅吏。

《聖經》是最多人擁有的一本書。

他們有的寫作於皇宮之中，有的寫於獄中或流放島上，有的寫於戎馬戰時；有的寫於人生的喜樂高潮，有人則是在生命遭逢悲慟之際受到上帝的默示而書寫。各卷書都是獨立寫成，寫成後即在各個猶太會堂或基督教會傳誦，作者們寫作之時並不知道這些書卷將來會被彙編成冊，成為基督教的新、舊約正典。

奇妙的是，當後人把這六十六卷書編在一起後發現，這些生存年代前後差距達一千六百年之久、寫作風格迥異的作者群，他們的作品放在一起卻是如此和諧且前後呼應，令人不得不感歎這是由同一位作者——上帝所創造的傑作。

7. 最古老的長篇小說

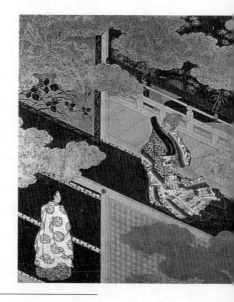

「小說」是文學的體裁之一，現存最古老的長篇小說出自於日本平安時代的女官——紫式部之手，名為《源氏物語》，成書於十一世紀之初。

《源氏物語》長達五十四卷，後人依據書中所描述的角色世代，將其分成三部。第一、二部是描述主人翁光源氏的一生，第三部則是描寫光源氏

源氏物語畫帖《花宴圖》——16世紀，土佐光吉。

後代子孫與宇治八宮三位女兒之間的悲戀，《源氏物語》不僅是日本最早的長篇小說，也是日本人自詡為全世界最古老的長篇小說作品。

《源氏物語》的作者紫式部生於西元978年，卒於西元1015年，本姓藤原，原名不詳，因為她的長兄擔任官職式部丞，所以稱為「藤式部」；後來又因代表作《源氏物語》書中女主人翁「紫姬」廣為世人傳誦，所以又被稱為「紫式部」。

紫式部從小就跟著父親學習漢文，熟讀中國古典文獻，特別是對於白居易的詩作有深入的研究和造詣。她於婚後擔任中宮（皇后）彰子的女官，有機會直接接觸宮廷生活，這段特殊的經歷成為其創作《源氏物語》時豐富的靈感來源。

《源氏物語》在日本文學史上亦占有相當重要的地位，與《枕草子》、《和泉式部日記》並稱為「日本三大女流文學」，且為三書之首，在東方文學裡還有「日本的紅樓夢」之稱。全書敘述一位夢幻般的俊美人物「源氏」（被貶為臣子的皇族）的一生，表現出日本平安時代宮廷生活的百態、社會情形、政治評論、價值觀念以及當時流行的各種玩物、衣飾、飲食、游藝等，為平安盛世的貴族生活留下翔實而豐富的剪影。

此外，紫式部在《源氏物語》中大膽的探討情慾與倫理的糾葛，也成為後代日本文學作家如川端康成、

谷崎潤一郎等人仿效學習的對象，因此，《源氏物語》
可說是日本文學的泉源。

8. 規模最大的貨幣轉換

　　西元 2002 年元旦的前夕，三億多歐
洲人懷著錯綜複雜的情緒倒數計時，他們
迎接的不只是另一個新年。2002 年元旦，
同時也是歐盟統一貨幣「歐元」（EURO）正式
全面流通啓用的日子。歐元的問世，是歷史上規模最大
的貨幣轉換計畫，取代了法國法郎、德國馬克等十二種
通行已久的歐洲各國貨幣。

　　歐洲使用單一貨幣的概念從提出到實現，經歷了
三十多年的漫長歲月。1963 年 3 月，六個歐洲國家的
領導人聚集在荷蘭海牙開會，首次正式提出建立歐洲貨
幣聯盟的構想，並且委託當時的盧森堡首相——皮埃
爾·維爾納來負責規劃具體建議；1971 年「維爾納計
劃」問世，主張在十年的時間內，分三階段建立歐洲經
濟貨幣聯盟，實現資本完全自由流通，各成員國確定貨
幣固定匯率，最終以單一貨幣取代各國貨幣。但後來因
爲石油危機和金融風暴，導致「維爾納計畫」擱淺。

　　1979 年 3 月，在法國和德國的倡導和努力下，歐

□ 1 歐元幣。

洲貨幣體系宣告建立，同時歐洲貨幣單位「埃居」（ECU）誕生。1989年6月，一個類似當年「維爾納計劃」的「德洛爾報告」被提出，再次規劃推行歐洲共同貨幣的時程。1995年，決定將歐洲單一貨幣定名為「歐元」，取代歐洲貨幣單位「埃居」，並訂於1999年1月1日正式啓動，三年後（2002年元旦）開始進入流通領域。

目前共有法國、德國、義大利、西班牙、葡萄牙、比利時、盧森堡、奧地利、荷蘭、芬蘭、希臘和愛爾蘭這十二個歐洲國家使用歐元作為主要貨幣，三個歐盟國家——英國、瑞典和丹麥則因政治因素暫不採用歐元。在非洲的法郎區，巴爾幹半島國家的馬克區，以及一些歐元國的海外屬地也將全面使用歐元。甚至像摩納哥和梵蒂岡這樣的「袖珍國」也都自願加入使用歐元的行列。

9.最早的動畫

所謂的動畫是指將劇中人物的動作、表情分格畫好並拍攝下來，使之快速的移動，透過連續的圖片和視覺暫留的原理，產生圖片的人物好像真的在動一樣的效果。

動畫片的歷史比電影還要悠久，早在西元 1831 年，有一位名叫普拉托（Joseph Plateau）的人設計了一個可轉動的圓盤，稱作「Phenataisto-scope」，這個圓盤上有許多挖空的小視窗，可以觀看到鑲嵌在其內部滾筒上的圖畫，這項發明在動畫史上被視為動畫技術的開始。

　　同在這個時期，英國有人發明一種自動化程度更高的設備，稱為「活動畫片玩具」。這是將手工繪製的圖片鑲嵌在內部旋轉圓筒的表面，當圓筒旋轉時，觀眾可以從一個固定的窗中看到依次轉過的所有的圖片，產生的效果有點像快速翻動書頁的情景。

　　在十八世紀時中葉以前，上述這兩種動畫設備都是當時的主流，到了 1860 年左右，法國的艾米・雷諾（Emile Reymaud）設計出一套可翻轉的鏡片，取代了活動畫片玩具的觀視窗，這使得動畫的效果更為生動，這種設備並且在歐洲和北美大量生產和銷售，所以，隨著動畫技術的不斷進步，專門播放畫片的小型流動劇院也隨之產生。

　　不過第一部具有完整劇情的動畫片，應該是美國人溫瑟・麥凱（Winsor McCay）於 1914 年畫出的「恐龍葛弟」（Gertie the Dinosaur）。他將故事、角色和真人演出安排成互動式的情節，是一部每秒二十四格的動畫片，整體感十分流暢，時間的掌握也相當精確，據說

這部動畫片同時啓發了後來的卡通大師——華德‧迪士尼（Walt Disney）。

10. 最早發行的郵票

最早開始使用郵票的國家是英國，不過郵票的使用是建立在郵遞制度之上，相傳在古埃及時代就已經有了傳遞信件的特使，但是眞正將郵政制度化的則是波斯人的驛馬制度。西元前558年至前486年，波斯就建立有急使信差的郵驛制度，以首都爲中心，在一定距離之外設立一些中途站，並配有馬匹和馬夫。至於中國，更是早在西元前一千年的周朝時代，就有驛站的設置。而驛站的功能逐漸從傳遞官方公文和軍事方向，轉爲近似今日的郵遞制度。

英國的郵資是由收信人支付，但是當時計算郵資的方法是按照投遞的距離和信紙的張數來計算，因此如果要收一封從遠方寄來的信，收信人往往要付上高昂的費用。由於郵資太高，一般民眾根本負擔不起，也導致信件的投遞無法普及化，民間要求郵遞制度改革的呼聲也日漸升高。

英國政府終於在西元1840年1月10日，將原來收

英國發行的第一張郵票。

信人支付郵資的制度，改爲寄信人支付，郵資也不再按照傳遞的距離來收費，而是改採均一計費。世界上第一枚郵票也在同一年問世，當時只有面額一便士和兩便士的郵票，郵票上的圖案是維多利亞女王的肖像，統一由政府發行，作爲信件郵資已付的證明。

繼英國發行全世界第一張郵票之後，巴西、美國、法國、比利時等國家也相繼效法，推出由政府發行的郵票來支付郵遞費用。

11. 婚齡最久的夫婦

住在桃園縣龜山鄉的劉永養、劉楊完老夫婦，兩人於1917年結婚，在2002年11月時，以結婚年日長八十五年又七個月之久的紀錄，打破了原紀錄保持者——美國肯塔基州一對結婚八十三年的紀錄，獲得金氏世界紀錄認證機構頒贈「全世界結婚最久的夫妻」。

劉永養老先生出生於西元1900元，他的妻子劉楊完小他一歲，從小就是劉家的童養媳。根據家人的說法，劉老先生和太太結婚後就如膠似漆，感情非常融洽。在戶政機制不是很健全的時代，幸虧劉老先生當年在婚後立刻完成結婚登記，也讓他們長達八十五年之久的婚齡，得以有公家機關的憑證。

能夠獲得「全世界結婚最久的夫妻」之殊榮，除了夫妻兩人感情要夠好之外，「長壽」也是不可或缺的條件。劉老先生獲頒認證時，年齡雖已高達一百零三歲，身體狀況仍相當良好，有時還能陪子孫走路走半小時，獲獎的喜悅讓他開心地緊握另一半的手，還開懷地唱歌感謝大家的祝福；一百零二歲的劉老太太的視力則已退化為全盲，雙腿也因退化而必須靠輪椅代步。

2003 年 7 月劉老太太終因身體機能老化而病逝，享年一百零三歲，兩人結婚長達八十六年又四個月的紀錄也正式劃上休止符。面對攜手將近一世紀的老伴先自己一步離世，劉老先生的神情顯得十分落寞哀傷。

12. 最小的國家

義大利羅馬市西北方的山丘上，有個全世界最迷你的國家，它是梵蒂岡（The Vatican City State）。面積只有 0.44 平方公里的梵蒂岡，於西元 1929 年脫離義大利而獨立，成為全世界最小的獨立國家。

梵蒂岡位於台伯河右岸，人口約有二千人，首都梵蒂岡城既是城市，也就是其國的全部，因此稱之為「城國」（City State）。它雖然沒有明顯的國界標誌，只以四周城牆為國界，也沒有海關和稅吏，但是卻擁有自

己的幣制、郵政以及外交，國內宮院、教堂、圖書館、郵局、電台、火車站、飛機場等設施一應俱全。

　　居住在梵蒂岡的人，大部分都是與天主教會聖職相關的人士，這個以天主教教皇爲首的國家，同時也是全世界五億六千多萬天主教徒的精神付託及教會的行政中心。

　　梵蒂岡在羅馬帝國時代曾是大批基督徒的殉難地，耶穌的十二門徒之首——西門·彼得也是被釘死於此。他在天主教的地位非常崇高，且被後人視爲第一任

梵蒂岡全貌。

教宗，世界上最大的天主教堂——聖彼得大教堂即座落於此，並且以他爲名。這座教堂最初是由君士坦丁大帝下令，在西門・彼得的墓地上修建來紀念他。修建工程於西元326年竣工。

十六世紀，教皇朱利奧二世決定重建，於西元1506年開工。在這段長達一百二十年的重建過程中，義大利當時最優秀的建築師布拉曼特、米開朗基羅、德拉・波爾塔和卡洛・馬泰爾等人，相繼主持設計和施工，直到1626年終於大功告成。

13. 最小的島國

位於赤道南側、南太平洋中西部的密克羅尼西亞群島中，有一個迷你島國，面積不到24平方公里，是世界上最小的島國，那就是「諾魯共和國」（the Republic of Nauru）。

有「天堂島」美稱的諾魯，是一個建立在珊瑚礁島上的國家，人口只有一萬餘人，可通行英語，主要人種有五成是諾魯人（三大群島的混血人種），以及少部分的華人和歐洲人，居民大多信仰基督教，少數信仰天主教。

諾魯是世界上最小的國家之一，如果與大陸上最

小的國家相比，它僅比梵蒂岡（0.44平方公里）和摩納哥（1.9平方公里）大一些，位居世界第三小國；在海島國家中，諾魯是世界上最小的島國。

諾魯地處熱帶地區，日平均氣溫可達攝氏30度，年平均降雨量約2000公釐，但是因為沒有河流，島上缺乏可飲用的淡水，居民須靠下雨時截留的雨水，儲存節約使用。也因為是建立在珊瑚礁島上，因此諾魯島沿岸四周的海裡，布滿許多珊瑚暗礁，稍大一點的船隻便無法航行或靠岸，交通不太便利。

二十世紀中葉以前，諾魯曾陸續被英國、德國、澳洲、日本等國占領，直到1968年1月30日正式宣布獨立。曾與台灣於1980年至2002年期間維持外交關係，後因與中國建交而中斷。

諾魯雖然交通不便，不利發展農耕，但卻因為蘊藏豐富的磷酸鹽礦而躋身富國之列，國民年收入高於8800美元。磷酸鹽是種含磷成分很高的自然資源，由千百萬年前的鳥糞堆積物分解形成，因著時間長遠而產生硬化，變得像石頭一樣，不過仍保留著含磷的成分。磷礦可作為農業肥料，農作物施用磷肥可使作物顆顆飽滿，提早成熟；磷酸鹽在化工領域也有很大的用途。

14. 海拔最高的國家

位於非洲東南部的獨立國家，舊稱「巴蘇圖蘭」的賴索托，面積約3萬平方公里，地處南非高原東緣，以海拔1500公尺以上的山地和高原爲主，山地面積占了三分之二，整個國土都位於南非境內，與梵蒂岡一樣，被稱爲「國中之國」。由於全國都位於海拔1000公尺以上，因此是世界上地理位置海拔最高的國家。

國土四境均爲南非所環抱的賴索托王國，是個典型的內陸國。約在十六世紀的時候，講班圖語的農民便開始在該地區定居，逐漸形成若干酋長領地；十九世紀時成爲英國領地；西元1964年宣布獨立，採行君主立憲制，國王爲國家名義上的元首，但政府形式採共和國，由總理治國。首都馬塞盧是全國最大的城市，位於西北部卡利登河上游左岸，海拔1500公尺。

賴索托的礦產資源不足，經濟以農牧業爲主，國內勞動力有八成五投入於此，產值占國民生產總值的三成。全境屬亞熱帶大陸性氣候，受海拔高度影響，夏季涼爽，冬季較冷，牧草資源豐富，是非洲有名的羊毛生產國，以羊毛爲主的畜產品占出口總值一半以上。耕地面積只占13％，糧食不足自給，每年須從南非進口玉米和小麥。

賴索托的自然風光秀麗，被譽爲「南部非洲的瑞

士」，獨立後大力興建現代化旅館和各種旅遊設施，整修道路和國家公園，主要遊客來自南非，旅遊業發展情況良好，已漸成為該國經濟的一項重要來源。

15. 第一個允許婦女投票選舉的地區

與代議制關係密不可分的投票選舉權，是公民的基本政治權利之一，不過即使是在施行民主政治的國家，也都曾經走過一段漫長艱辛的歲月，才真正落實了「全民皆有選舉權」的理想。

歷史上第一個允許婦女擁有投票選舉權的地區，是美國的懷俄明州。當時著名的女權運動家馬特和斯坦頓，大力疾呼婦女的權利和黑奴的權利一樣必須加以調整，於西元1869年成立「全國婦女選舉權協會」，爭取修改《聯邦憲法》，以使婦女獲得投票權，當時人口還未達五十萬人、尚未加入聯邦的懷俄明州率先打破陳規，在憲法中賦予婦女投票權。

不過後續跟進的情況並不踴躍，直到十九世紀末，美國只有另外三個州也允許婦女投票權。而位於南太平洋的紐西蘭則已於1893年通過婦女擁有投票權的法案，成為第一個全面賦予婦女投票權的國家。

隨著要求「婦女擁有選舉權」的呼聲愈來愈高，

西元1917年1月開始有抗議群眾走上街頭，她們拿著寫著：「總統先生，你爲婦女投票權做了什麼？」的海報，站在白宮前抗議。當威爾遜總統與他的夫人一同搭車進入白宮時，威爾遜總統通常都會脫帽向這些抗議者致意。

整個抗議行動持續了一年，威爾遜總統終於表態支持婦女投票權的憲法修正案，國會後來也表決通過，西元1920年8月26日，憲法第十九項修正案得到多數州的認可，美國婦女終於享有投票的權利。這一天也被訂定爲「婦女平等日」（Women's Equality Day）。在此之前，已有澳洲、芬蘭、挪威、蘇俄和波蘭等國給予婦女投票權。

16. 最長的英文單字

英文和中文是兩種造字原理截然不同的語系，中文是象形文字，英文則是由字母組合而成的拼音文字，因此音節愈長，字母就愈多，形成的字自然也就變成長長一大串了。

目前已知最長的英文單字，是由一千九百一十三個字母所組成的專有名詞，用來指一種含有二百六十七種胺基酸酶的蛋白質。不過這樣的長單字只是表示一段

DNA的序列代碼，對一般人而言其實沒有多大意義。倒是一些通用英語中的超長單字，會跟我們的生活較為貼近。

　　一般而言，超過十二個字母所組成的單字，就算是長單字了。這類的長單字通常是名詞，而且十八個字母以上的單字大多是專業術語，像是生物學、語言學、電學、心理學、化學、醫藥學等名詞。比方像《韋氏字典》裡有個長達四十四個字母組成的單字，指的是「火山矽肺症」——pnemono(肺炎)-ultra-microscopic-silico(二氧化矽)-volcano(火山)-coniosis。

　　另外，在美國麻薩諸塞州的伍斯特南部與康乃狄克州的交界處，有一個不到五公里長的小湖，在地理上並無什麼特殊之處，卻有個超長的湖名，長達四十四個字母。這在世界其他地區，還沒有聽說過這麼長的湖名。原來這個湖名是早先居住在這裡的印第安人所取的，按印第安語的原意是說：「你在你那邊捕魚，我在我這邊捕魚，誰也不准在中間捕魚」。由於湖名實在太長了，因此在地圖上通常因該湖臨近書伯斯特城，而以「書伯斯特湖」替代全名。

　　不過這個湖還不能算是世界上最長的地名，因為泰國首都「曼谷」的泰文全名共有一百六十七個泰文字母，譯音後則有一百四十二個拉丁字母。只不過這麼長的名字既不好寫也不好念，所以連泰國人都簡稱它為

「共台甫」（Krungtep），而「曼谷」（Bangkok）是給外國人叫的，意思是「天使之城」。

17. 字數最多的國旗

國旗是一個國家的象徵與標誌，其顏色、圖案、樣式多包含著特定的意義，用以體現國家的立國精神和尊嚴。懸掛著的國旗往往也代表了國家的主權。最早以立法形式制訂國旗的，是在西元1789年的法國大革命時開始。

一般的國旗少有文字，多數都只有色彩組合或圖案，例如德國國旗只有黑、紅、黃三色條紋；法國的三色旗更是著名，由藍、白、紅三個面積相等的豎條組成；美國的星條旗稍微複雜一些，是由十三道紅、白相間的寬條構成，左上角還有一個包含了五十顆白色小五角星的藍色長方形；加拿大的國旗由紅、白、紅三個色塊組成，中間白色色塊上還有一個十一角的紅色楓葉。

沙烏地阿拉伯的國旗卻是個特例。長寬比為3:2的沙烏地阿拉伯國旗，旗面不但有圖案，還有文字，而且其文字之多，居世界之首。沙國的國旗是以綠色的綢緞製成，綠色是伊斯蘭教中最神聖的一種顏色，也是伊斯

□ 沙烏地阿拉伯國旗。

蘭教的象徵，國旗選用這個顏色，表示沙烏地阿拉伯是一個信奉伊斯蘭教的國家。

旗幟上的文字是用白色的阿拉伯文楷體，書寫一段出自伊斯蘭教《古蘭經》的教喻：「萬物非主，唯有真主，穆罕默德是阿拉的使者」，這些文字更明白地傳達沙國的宗教信仰。在這段文字底下，還有一把象徵著聖戰和武力的白色寶劍，它的長度是國旗的三分之二，強調該國不惜以發動戰爭的手段來捍衛伊斯蘭信仰與國家的榮譽，而白色也代表著純潔。

18. 最古老的國旗

丹麥的紅底大白十字旗從十三世紀就開始使用，是目前公認歷史最悠久的國旗。西元1219年，丹麥勝利王瓦爾德馬進攻愛沙尼亞，雙方爆發了相當激烈的戰爭。

某天正當雙方打得不可開交的時候，忽然有一面白色十字的血紅旗幟，從天空緩緩飄下來。這面被認為是「來自上帝的旗幟」立刻被命名為「丹麥人的旗」，瓦爾德馬命令將士揮舉此旗全面進攻。這面旗似乎發揮了鼓舞丹麥士氣的效果，使得丹麥最後終能

丹麥國旗。

大獲全勝。

　　戰事完畢後，瓦爾德馬就將這面旗幟定為丹麥的國旗，並且沿用至今。

19. 顏色最多的國旗

　　位於非洲大陸最南端的國家——南非共和國，是世界上國旗顏色最豐富的國家，共使用了紅、黃、藍、綠、白、黑這六大基本色，另有「彩虹國旗」之稱。

　　這面「彩虹旗」，意義分別是以紅色紀念過去曾發生的流血事件；藍色代表開闊的天空；綠色代表土地生機盎然；黑色代表黑人族群；白色代表從歐洲來的白人後裔；黃色代表自然資源，以黃金為象徵；而以色塊組合而成的Y字型則表示民族的融合與團結。

20. 顏色最少的國旗

　　相對於南非國旗的色彩豐富，位於北非的利比亞，國旗的顏色就顯得單純多了。國家全名為「阿拉伯利比亞人

①南非共和國國旗。②利比亞國旗。

民社會主義民眾國」的利比亞，由強人格達費於1969年發動革命取得政權，且於1972年與埃及、敘利亞合組「阿拉伯共和國聯邦」，三國使用共同的國旗。

後因埃及總統沙達特出訪被阿拉伯世界視為共同敵人的以色列，格達費憤而退出阿拉伯共和國聯邦，並立刻更換新國旗。但因為事出突然，來不及設計新國旗，因此就直接採用了象徵回教精神的綠色，除了強調利比亞是回教國家，也因此誕生了全世界唯一只用一種顏色的國旗。

21. 最短的國旗

一般常見的國旗寬高比例多為3:2，採行這樣比例的國家高達八十七國，所以在一般人的印象中，國旗似乎都是長方形的，不過，瑞士和教廷（梵蒂岡）的國旗卻是採行1:1比例，而呈正方形，看起來就顯得迷你了點。這兩個國家的國旗也是世界上最短的國旗。

瑞士是位於歐洲中部的內陸國，其國旗旗地為紅色，中間有個白色十字，在1848年制定的新聯邦憲法中，正式規定這面「紅地白十字旗」為瑞士聯邦國旗。白色象徵和平、公正和光明，紅色象徵著人民的勝利、幸福和熱情，國旗的整組圖案象徵國家的統一。其實當

瑞士國旗。

初瑞士國旗也是長方形的，後來為了強調該國在外交上採行公正和中立的政策，而於 1889 年修改為正方形。

另一個最短的國旗是梵蒂岡教廷所制定的國旗，在這面正方形的旗幟上，左半旗地只有單純的金黃色，右半是白色的旗地加上皇徽。皇徽中有一頂羅馬教皇的三重冠冕和交叉的金黃與銀白色鑰匙。三重冠代表了教皇的三權最高權力——行政、立法、司法權；而那兩把鑰匙則是呼應《聖經》中基督對使徒彼得曾說的一段話：「我要把天國的鑰匙給你，凡你在地上所捆綁的，在天上也要捆綁；凡你在地上所釋放的，在天上也要釋放。」

22. 最長的國旗

位於波斯灣西岸的獨立國家——卡達，國旗的寬高比例為 28:11，是世界上最長的國旗。這個面積不到一萬二千平方公里的小國家，地質多石、多砂且貧瘠，為鹽質平地、沙丘沙漠及乾燥平原，卻因石油和天然氣的出口而使平均每人國民生產毛額躍居世界最高之列。

①梵蒂岡國旗。②卡達國旗。

23. 形狀最特殊的國旗

位於亞洲南部的尼泊爾，擁有全世界形狀最特殊的國旗，在舉目皆是方形的國旗世界中，尼泊爾的國旗設計成兩個（部分）重疊的三角形形狀，有代表尼泊爾是個地形多山的國家之意，這是世界上唯一非方形的國旗。

早在一個世紀前，尼泊爾就出現過這種三角旗，後來將兩面三角旗連在一起，成為今日尼泊爾國旗的式樣。這兩個（上小下大、上下相疊）三角旗的旗地都是紅色，與國花紅杜鵑同色，象徵生命的能量；旗邊為代表和平自然的藍色。

在尼泊爾的文化中，月亮和太陽是非常重要的天體，國旗上以純淨白色繪製的彎月和太陽，象徵天神的雙眼，可清楚透視天地間的一切事物。兩個旗角，則表示位於尼泊爾境內喜馬拉雅山脈的兩個山峰。

尼泊爾的國旗不但是世界上形狀最特殊的，它還具有三項「世界唯一」的紀錄。除了因為它採用三角形旗面，是唯一非方形的國旗之外，它還是唯一高度大於寬度的國旗，其寬高比是 3:4（不含藍邊），其他國家的國旗不是寬度大於高度，就是相等（正方形）。另外，雖然尼泊爾的國旗不是唯一繪有月亮的特例，但只有尼泊爾國旗上的月亮還帶有光芒。

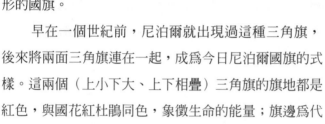
尼泊爾國旗。

24. 修改次數最多的國旗

左上角有五十顆星星的美國星條旗，不但是世界上繪製最多星星的國旗，同時也創下世界上國旗修改次數最多的紀錄。

美國在獨立前是英國殖民地，稱「北美十三州」，因此當時使用一面英國國旗加上十三條象徵十三個州的紅白條紋之旗幟，稱為「大聯邦旗」。

1777年6月14日，第一面星條旗正式問世，後來6月14日成了美國的「國旗日」，紀念國旗的誕生。星條旗將原本左上角的英國國旗換成藍底與十三顆五角白星，保留原本的十三條紅白相間條紋。國旗上的紅色象徵強大和勇氣，藍色象徵警惕、堅韌不拔，白色則象徵正義與純潔。

當時的規定是要以國旗上的星星與條紋數量，共同代表美利堅合眾國的總州數，所以日後只要州數增加時，國旗上的星星和條紋數也要隨之變更。經過1795年和1818年的兩次修改後，有人覺得二十條條紋看起來顯得太細了，於是又開會決議將條紋固定為當初的十三條，日後只增加星星數量來代表州數。

美國從西元1777年的十三州增加到1960年的五十州，星條旗總共隨著州數的增加，修改了二十六次，創下了世界上國旗修改次數最多的紀錄。

1
2
①最初的星條旗。②今日的美國國旗。

第九篇

美食館

1. 最早的冰淇淋

　　雖然冰淇淋所含熱量相當高，卻是深受大眾喜愛的餐後甜點。冰淇淋在十八世紀時傳到美洲新大陸，華盛頓、傑弗遜和麥迪遜等三位美國總統最喜歡用冰淇淋招待貴賓；世界上最早刊登冰淇淋廣告的報紙是1786年6月5日的《波士頓兒童日報》，美國人也是全世界最愛吃冰淇淋的國家，每人每年平均消耗21.7公升。

　　話雖如此，冰淇淋卻不是美國人發明的喔！早在一千五百年前的中國宋朝宮廷，就知道利用高山冰塊、挖掘地窖以保存食物的鮮度，當時爲皇帝烹調料理的御廚，也已經懂得使用牛奶攪拌果醬，然後放入地窖裡製作成冰糕，這類冰品也就是世界上最早的冰淇淋。

　　十四世紀馬可波羅撰寫的《東方見聞錄》中記載著元朝大都街頭販賣水果冰糕的情景，他稱冰糕爲「sorbetto」，這個字就成爲後來英語的「sherbet」。

2. 最早的可樂

　　可樂果是梧桐科可樂樹的堅果，原產於非洲，後來在南美大陸和西印度群島廣泛的栽培。它的果實呈棕黃色，長約5公分，含咖啡因，帶有澀味，曬乾後嚼食

有解酒、治頭痛、減輕疲勞的效果，美國人從十八世紀開始提煉可樂果作為藥劑。

西元1886年，美國喬治亞州亞特蘭大市的一位藥劑師，在研究可樂果成分並將之混合糖漿調製一種美味的頭痛藥時，無意間創造出一種飲料，也就是後來的「可口可樂」。至於可口可樂最強勁的競爭者──百事可樂，則在1898年誕生。巧合的是，這兩家飲料公司的配方都是由藥劑師發明，也各自創下不少業界「第一」的紀錄：可口可樂是第一家登上美國《時代周刊》（1950年）封面的商品、第一家使用鋁罐；而百事可樂則是第一家使用易開罐、第一家使用寶特瓶、第一家在前蘇聯生產和經銷的美國消費商品。

這兩家公司的可樂配方，掌握在極少數的高層主管手中，被公認為世界上產業機密做得最好的實例之一。

3. 最早的拉麵

說起美味的拉麵，大部分人總是立刻聯想到「日本」，到底拉麵是不是日本發明的食物呢？

要追溯拉麵的歷史，要先從麵

中華麵。

條說起。麵條起源於中國，漢代以前就出現一種叫做「湯餅」的食物，可以說是麵條的前身。製作湯餅的時候，一手托住麵團，用另一隻手往湯鍋裡撕片，也可以說是「片兒湯」。

到了西元五世紀北魏時代，製作湯餅時不再用手托著麵團，而是先用案板、杖、刀等工具，將麵團擀薄後再切成細條，這就是最早的麵條。

七世紀唐朝時代，人們已發現如果把切好的麵條掛起來晾乾之後，可以保存較久的時間；當時中國和日本的往來非常頻繁，麵條的製作和保存技術很快地就傳入了日本。

至於歐洲最早的麵條類食品，有一種說法相傳麵條是由馬可波羅於西元 1295 年由中國帶回義大利的。不過也有些歷史學家認為，麵條是由在富裕的義大利人家當廚師的亞洲奴隸傳入歐洲的。

至於日本對於拉麵的最早記載，則出現在西元 1704 年，一位名叫安積覺的歷史學者在書中提到「中華麵」。就一般的認定，拉麵的技術是在西元 1912 年時由中國引進到橫濱。由於明治五年（西元 1872 年）時日本和滿清簽訂了《日清友好條約》，使得大批華僑移民到日本，特別集中在三大港口——橫濱、神戶和長崎，中國人聚居的地方便有「中華街」的形成，而拉麵的技術也就是從這些地區流傳出去的。

4. 第一個吃燕窩的中國人

「燕窩」可以說是華人社會特有的補品，來源取
自燕子吞食海中小魚或其他蠶螺海藻等小生物後，
用吐出的唾液凝結而成的燕窩巢，再經人工採集、
加工、去毛、除污之後而成的「食物」。因為傳
統中醫理論相信，燕窩具有多重療效，且藥性平
和，容易被人體消化吸收，是極佳的補品，因此成
為「有病治病，無病強身」、地位崇高的食補藥
材。

關於中國人吃燕窩的歷史，以出產燕窩著稱的
馬六甲有一位鑽研鄭和史蹟的史學家林局紳表示，
根據他的研究發現，中國第一個吃燕窩的人，應
該就是明代鼎鼎大名「下西洋」的「鄭和」。

事情是發生在某次鄭和遠洋船隊在海上遇到了強
烈的大風暴，被迫停泊在馬來群島的一個荒島，因食物
嚴重短缺，無意中發現峭壁上的燕窩。於是鄭和就命令
部屬採摘、洗淨後，用清水燉煮來食用充飢。數日後，
船員個個臉色紅潤，中氣十足。鄭和因此將燕窩帶回中
國獻給明成祖。從此以後，燕窩就成了朝拜皇室、重臣
的貢品。

根據現存的記載發現，燕窩大約是在十七世紀末
期輸入中國時，每年大約有十二萬五千磅、約四百只燕

鄭和像。

窩從爪哇的巴達維亞（現稱雅加達）運往中國，這也與鄭和七次下西洋經過的國家和時間相當吻合。

但是，「燕窩」正如其名，是燕子辛苦所築的窩巢，因著人類大量採集，造成燕兒無家可歸，有些燕子則因一再地嘔出唾液來築新巢，導致嘔血過勞而死，已嚴重影響到燕子的生存，因此近年來有許多保育團體大力推動「拒吃燕窩」運動，呼籲民眾停止此類嚴重影響生態保育的飲食習慣。

5. 第一杯咖啡的問世

「咖啡」是摘取自咖啡樹上的小果實，焙乾後研磨成粉末，沖泡出來的迷人飲料。咖啡樹是生長於熱帶高地的常綠喬木，自然生長可高達20呎，但為了方便摘取果實，咖啡農往往會把它們限制在6呎高左右。咖啡樹的葉子呈橢圓形，開白色的小花，果實則是紅色的小顆粒，當摘取下來的果實經過拍打、去皮、烘焙等程序後，就成為一顆顆深褐色、能沖出美味咖啡的咖啡豆。

關於咖啡起源的傳說有很多版本，其中最廣為流傳的，應該就是「山羊的故事」。傳說在六世紀的衣索

咖啡豆。

匹亞有個牧羊人，某天無意間發現平日貪睡的羊兒，竟然不停地蹦蹦跳跳，精力顯得特別旺盛，經過他仔細地加以觀察，發現山羊是咀嚼了一種白皮樹的豆子才變成這樣。

他覺得很好奇，也採了幾顆豆子嚼嚼看，因為味道很苦，就用水煮來喝，喝了之後覺得腦筋好像變得很清醒。後來他將這種果實送給修道院的僧侶們，僧侶磨碎咖啡豆後混著其它動物脂肪、乳汁來飲用，也發現這種飲料的確能幫助他們精神抖擻地守夜禱告，從此咖啡豆開始被拿來煮成飲料喝。

一般相信，最早懂得享受咖啡的是阿拉伯人，後來東征的十字軍把咖啡帶到西方。隨著新航路陸續發現，咖啡從阿拉伯風行到埃及、土耳其等中東地區後，經維也納傳入歐洲，到了西元十七世紀時，咖啡已經是歐洲及美洲地區最主要的非酒精性飲料之一。

6. 饋送情人巧克力的起源

就像玫瑰一樣，「巧克力」（chocolate）也是愛情的重要象徵，根據非正式的統計，拜每年情人節之賜，巧克力在全球情侶們的採購下，至少蘊含有十億美元驚人的商機。

巧克力是從可可豆裡提煉出來的食品，含有豐富的脂肪、蛋白質和碳水化合物，每一百公克的巧克力約有583卡路里，相當於兩碗白飯的熱量，可以說是減肥者的大忌。可是科學家也發現，巧克力含有一種「氨基苯」（PEA），這是一種人體只有在熱戀時才會分泌的化學物質，這種物質可以引起荷爾蒙的波動，使人產生一種像是墜入愛河一樣的柔情蜜意。

　　話雖如此，但在西元1492年哥倫布第一次航行，剛從中美洲將可可豆帶回西班牙的時候，卻沒有人知道它的用途，只得將它傾倒在花園裡用來鋪濕地。後來西班牙的柯蒂斯將軍在墨西哥喝到一種令他讚不絕口的飲料，仔細打聽之後才知道，這稱為「巧克拉多」的飲料是用可可豆做成的；回國後才由王宮廚師研發出在可可粉裡添加肉桂和其他香料，調配成香噴噴的熱飲。西班牙國王更將配方列為國家最高機密，不准外洩。

　　第一次發生在情人間餽送巧克力的先例，最早可以追溯到十七世紀，當年僅十四歲的西班牙公主嫁給法國國王路易十四之時，她以巧克力當作訂情禮物，送給路易十四，這是關於巧克力最早的文字記載。從此，巧克力的配方便隨著公主，傳到法國和其他歐洲國家的王室。

7. 最早的麵包

　　在台灣的大街小巷，不難發現麵包店，至於這些年來如雨後春筍般開設的便利商店，也幾乎都有提供販售麵包的服務。雖然麵包不像米飯類，是華人歷史悠久的傳統主食，但是在台灣，喜愛吃麵包的人口，確實也不在少數。

　　麵包最早的起源其實已不可考，麵包的前身應該是不用發酵的「麵餅」。有些考古學家推測，第一個麵餅是在美索不達米亞平原一帶發展出來的，可能是古巴比倫人在製造啤酒的過程中，偶然發現將製酒後所剩下的小麥原料研磨後放在火上烤一烤，會形成一道美味的食品，也就是沒有發酵的麵包。

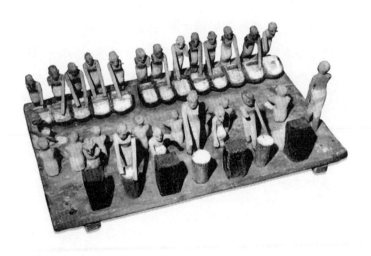

古埃及人製作麵包的情景。

簡單來說，麵包是指一種在麵團裡添加油、鹽、糖和酵母後，烘烤而成的食品。最早開始製作麵包的民族，是西元前兩千多年以前的埃及人。他們很早就知道將麵粉加水、馬鈴薯和鹽拌在一起，放在熱的地方，再利用空氣中的野生酵母來醱酵，等醱酵好之後再摻上麵粉又揉成麵團，放進泥土做的土窯裡去烤，就可以做出香噴噴的麵包。

　　漸漸地，製作麵包的技術流傳到古希臘和羅馬，根據考古學家在古羅馬建築遺跡中的發現，大約在西元前一千多年的時候，羅馬就有二百多家的麵包加工廠。後來麵包成為歐洲領主和貴族喜愛的食物，一般平民是不被允許私製麵包的，這種限制一直到十三、十四世紀中期，才慢慢被廢除，民間也開始有麵包店，富人家中也出現烤箱。

　　隨著交通運輸的發達，麵包的製作方法和所需的原料小麥更是快速地傳播到世界各地，各國紛紛發展出具有不同特色的麵包或麵餅。至於麵包的發酵關鍵——酵母菌，則是到西元十七世紀才被發現，將古老的醱酵方法改良得更加科學化。

8. 最長的熱狗

有人說，「熱狗」、「自由女神像」和「NBA籃球賽」是美國的三大標誌。美式生活中，熱狗的確無處不在，是相當容易買到的速食品。根據非正式的統計，美國人一年可以吃掉超過一百億條熱狗。

西元2003年7月，為了慶祝「熱狗月」，一群熱狗愛好者在美國芝加哥製作了一條世界上最長的熱狗，長度將近5公尺。

其實，熱狗這種食物和中國人熟悉的香腸，說起來也頗有異曲同工之妙，主要是將牛肉或豬肉絞碎成肉泥，加上鹽、胡椒、香料等佐料，塞進薄薄的腸衣裡，常見的熱狗每條約12公分長。做好之後先燻熟，要吃的時候再放進烤箱或平底鍋加熱，塗上番茄醬或芥末醬，再夾進麵包裡，就成為美味方便的一餐。

熱狗在美國人的生活中不但占有普遍又重要的地位，也曾經締造出有趣的「熱狗外交」。二次世界大戰後，美國總統羅斯福訪問英國時，在倫敦的海德公園裡向英王喬治六世介紹「Hot Dog」，一時還轟動英倫三島。前蘇聯領導人赫魯雪夫於1959年訪問美國時，也曾被熱情邀請品嘗熱狗。

首位登陸月球的太空人阿姆斯壯，也選在阿波羅號太空梭上，吃著熱狗配上熱咖啡來慶祝登月行動，熱

狗頓時成為全球知名的食品。

關於熱狗的世界紀錄，除了最長的熱狗全長達4.9公尺之外，還有重達50公斤的重量級熱狗。美國人平均每年消費八十條熱狗，光是美國職棒賽期間就可以消耗掉兩千六百萬條熱狗，一手可樂一手熱狗，看著精采的職棒比賽，多麼愜意的假日娛樂！

9. 最大的麵包圈

每年8月底在美國紐約州都會固定舉行一項大型地方慶典，由來自該州各地的人們聚集在錫拉丘茲市表演各種節目，享受歡樂的節慶氣氛。2004年的慶典中，有一家布魯格麵包店突發奇想地，決定以烘焙出一個世界上最大的麵包圈作為慶典活動。

由於伊利諾州曾經在1998年烤出一個714磅（相當於324公斤）重的麵包圈，因此布魯格麵包店的師傅們打算挑戰1000磅。為了達到這個目標，他們特地訂製了一台高1.22公尺的超大型烤箱，可以在三十分鐘內燒開3400公升的水，加溫速度非常快，而且它的持久保溫能力也相當驚人，可以連續十小時保持攝氏100度的高溫。

為了確保活動當天能夠一舉挑戰成功，布魯格麵

包店的師傅們在正式認證之前，先後就進行了十次試烤。前四次雖然成功地烤出了巨大的麵包圈，但是因為火候沒有掌握得宜，麵包圈的味道實在讓人難以接受。後來他們又改進了烘烤技術，之後六次就都能烤出又香又酥的麵包圈。

8月27日當天，慶典的活動現場一早就聚集了許多好奇的圍觀群眾，迫不及待地想看看布魯格麵包店的師傅們是否能夠順利打破世界紀錄。只見穿著麵包店制服的工作人員緊張又忙碌地準備各項材料，依序把900公斤的麵粉、3407公升的水、227克的酵母、24公斤的麥牙糖和6公斤的鹽和在一起，然後放進那個特製的超大型烤箱。

經過一段等待的時間之後，他們從烤箱中端出一個表皮焦黃的熱騰騰麵包圈，空氣中盡是濃郁的麵包香味，圍觀群眾爆出一陣歡呼聲，慶祝紐約州挑戰世界最大麵包圈紀錄成功。後來麵包師傅們在當地公證人員的監督下秤出麵包圈的重量，確定布魯格麵包店烘焙出的麵包圈重達868磅，雖然未能如願做出1000磅的麵包圈，但還是打破了之前由伊利諾州所創下的714磅紀錄。

10. 三明治的出現及演變

　　肉和麵包都是人類相當早就開始食用的食物，但是將兩片麵包中間夾幾片肉，並且命名爲「三明治」的人，則是十八世紀的桑威奇伯爵約翰‧孟塔古（John Montagu）。他之所以發明三明治，是爲了方便在牌桌上邊玩邊吃，沒想到造成許多人的模仿，並且一直流行到今天。

　　三明治由於製作簡便，易於攜帶和變化無窮的配方，幾乎出現在所有的西方食譜中。不管任何麵包、任何一種便於食用的食品，無論是熱的或冷的，都可以成爲三明治的材料，儘管大同小異，但三明治還是因各地方的飲食習慣不同而有各種相異的面貌。

　　英國配茶用的三明治用魚醬、黃瓜、水芹菜或番茄夾在薄麵包片中。北歐斯堪的那維亞三明治最上面一層不是麵包，而是精緻的魚、肉片和沙拉。在法國用麵包捲製作三明治。而美國創造了精巧的三明治配方，以總匯三明治和勞本（Reuben）三明治最受歡迎：前者夾雞或火雞肉片、鹹肉、萵苣、番茄；後者夾醃牛肉、瑞士乳酪、泡菜等等，烤熱後食用。到現在爲止，三明治都還是美國人相當重要的主食。

11. 第一瓶香檳酒的釀造

　　開香檳酒，是很多人慶生、辦派對、慶祝喜事的重要儀式之一。由於香檳酒味道香甜、容易入口，而且有許多泡泡，光是開瓶的動作就令人賞心悅目，充滿歡樂氣氛；而晶瑩剔透的顏色更讓喝香檳成為人生的一大享受。

　　不過，發明香檳酒的人可不是酒國英雄，也不是釀酒廠，而是十七世紀末的天主教本篤會修士佩里尼翁（Dom Pierre Perignon）。為什麼叫做「香檳」？這個名詞是法國舊地名，含括今天法國馬恩、奧布和埃納諸省的一部分，此地是香檳酒的發源地和唯一產地。香檳是葡萄酒的一種，特色是具有濃郁清新的芳香以及許多酒泡。目前最好的香檳酒產地在沿馬恩河岸從蒂耶里堡到埃佩爾奈，一條向南延伸的細長地帶上的葡萄園，以及理姆斯山高地的葡萄園。

　　香檳酒首先在罐內發酵，當冬天來臨暫停發酵時，轉移到耐壓瓶中。在裝瓶前，要由有經驗的專家或製造香檳酒的藝術家調出最佳味道。酒在瓶中進行二次發酵時，就會自然發泡。除了葡萄的品質影響酒的好壞之外，發酵的功夫也很重要，發酵如果發酵得好，用當年的酒就可以生產出上等的香檳酒。

第十篇

體育場

1. 第一支職業棒球隊

不管是奧運成棒比賽、職棒，或是三十多年前的少棒比賽，無論是年長的三年級，或在學的七年級，都經歷過台灣的棒球熱。不過，棒球的起源可不是在台灣，而是在美國；第一支職業棒球隊辛辛那提隊也在一百多年前就成立。

棒球由英國一種兒童遊戲圓場棒球（rounders）演變而成。十九世紀初由英國移民傳至美國，逐漸成為美國的「國戲」。1839年道布爾戴（Abner Doubleday）首先設計棒球運動相關規則，1845年開始制定統一規則，其中一些規定至今仍在採用。後在南美各國和日本也相繼興起棒球熱。一八五○年代起比賽逐漸正規化，俱樂部、聯盟等組織相繼成立，棒球運動的發展進入新時期。

世界第一個職業棒球隊出現在1869年，成立世界

美國職棒。

上第一個職業棒球隊辛辛那提隊。隨著越來越多球隊參與，許多職業球隊聯結成各種不同的「聯盟」，例如現在我們耳熟能詳的美國職棒大聯盟、小聯盟。除了美國之外，日本和古巴的棒球運動也相當蓬勃發展，是世界數一數二的棒球大國。

2. 最早開始足球運動的國家

根據國際足球協會的認定，足球運動最早起源於中國。中國古代足球的起源時間，最早可追溯至二千五百年前的戰國時期，《戰國策‧齊策》曾記載蘇秦與齊宣王會面時，提及人民安居樂業，喜歡「蹋鞠」，所謂「蹴鞠」或「蹋鞠」，就是指一種足球遊戲；「蹋」或「蹴」都是指踢，「鞠」則是指球。東漢時已有女子踢球運動。

漢唐兩代是中國古代足球發展最興盛的時期，並且發展出直接對抗的競賽。依據東漢人李尤所著的《鞠城銘》記載，對賽雙方各有十二人，由正副球證執法，球場兩端各設六個月洞式球門（稱「鞠室」）為進攻目

足球守門員。

標，所用的足球由皮革裹毛髮製成，比賽用球場稱為「鞠城」。當時不但男性參與足球運動，部分出土文物更證明，東漢延光二年（西元123年），已有女子踢球，惟只限於表演性質並非競賽。

到了唐朝（西元618～907年），蹴鞠所用的皮球，由內填毛髮改為由人用嘴吹氣，同時用兩個球門代替「鞠室」，當時這項運動並外流至日本，日本足球書籍《游庭密抄》也曾經記載此事。

到了宋代（西元960～1279年），蹴鞠更發展出雙球門及單球門的競賽，所用的皮球已由人用嘴吹氣，發展到用氣筒打氣，愈來愈接近現代足球。

英國雖然不是足球運動的發源地，但卻是把這項運動發展得很好的國家。初期的足球遊戲並沒有所謂球例、場地和人數的限制，所以經常出現粗暴或打鬥的行為，因而往往被視為一種粗野的運動。英國國王愛德華二世甚至於西元1314年下令全國禁止足球運動，直至1603年，英王詹姆士一世才再度批准這項活動。

西元1840年，足球運動被引進校園，但各院校採用的比賽方法卻不盡相同，直到1848年，劍橋大學才印行十條「劍橋大學足球規例」。自此，足球運動也開始在不同的階層蓬勃發展起來。

□ 宋代蹴鞠圖。

足球運動於十九世紀末迅速發展至其他國家，國際足球協會也於1904年成立。西元1908年，足球正式被列入奧林匹克運動會的比賽項目之中。國際足協（FIFA）於1930年舉辦第一屆世界盃賽事，當屆冠軍由主辦國烏拉圭奪得。

3. 最早的世界盃足球賽

　　和奧林匹克運動會一樣，每四年舉辦一次的「世界盃足球賽」每屆都吸引了全世界足球迷的高度關注。

　　在有世界盃足球賽事之前，奧運是唯一可以算是世界性的足球比賽。可是，隨著足球的職業化，只准許業餘運動員參與的奧運足球賽便逐漸失去了代表性，值此同時，國際足球協會也一直想舉辦一項具有代表性的世界比賽，於是便有了舉辦「世界盃」的構想。

　　就像國際足球協會當初成立時的情況一樣，各國對於舉辦世界盃的反應都很冷淡。其實早在國際足球協會成立那年，足協已有意舉辦世界盃，可是沒有國家願

激烈的足球運動每到世界盃比賽期間便變得更加沸騰。

意參加。之後，歐洲經歷了第一次世界大戰，事情一拖便二十年了。

西元 1928 年 5 月 26 日，在國際足協主席雷米（Jules Rimet）和祕書長狄朗尼（Henri Delaunay）的努力下，足協成員終於以二十五票對五票通過同意籌辦第一屆世界盃足球賽。後來又經過幾次會議的討論，確定世界盃為每四年舉辦一次，並將首屆賽事定於 1930 年，由烏拉圭擔任首屆世界盃的主辦國。

4. 最多人同時打太極拳

太極拳源於中國，相傳是中國本土宗教道教的武功，雖然遠在南北朝時期就已經出現了內功太極學拳，但是創立太極拳十三式的明代武當道士張三豐，則是被普遍公認的太極拳始祖。拜華人傑出武俠小說作家金庸的作品之賜，「太極拳」早已成為大家耳熟能詳的武術名詞之一。

根據中國河南省洛陽市體育局公布的消息，2004 年 4 月 10 日在河南洛陽舉辦的第二十二屆「牡丹花會」開幕式中所表演的「激情河洛舞太極」活動，集合了三萬人一起打太極拳，已經被金氏世界紀錄確認為「最多人同時打太極拳」的最新紀錄。

這場參加人數最多的太極拳集體演練活動，是由太極拳五大門派掌門人，帶領門下一百多名弟子，在洛陽市區的洛浦公園長堤上，與三萬名洛陽市民一同表演二十四式太極拳而締造出來的新紀錄。伴著舒緩的樂音，三萬人整齊劃一的拳法表演，場面相當壯觀。

關於此類大型武術健身表演的世界紀錄，原先的紀綠是 2003 年 11 月 23 日在台北，有一萬四千多人同時打太極拳。

關於太極拳的門派，可以分為五大門派，分別是陳式、楊式、武式、吳式和孫式五派。無論哪一派都具有以下相同的特點：一、靜心用意，身隨意遷。呼吸與動作緊密配合；呼吸平穩，深均自然。二、中正安舒，柔和緩慢；輕靈沉著，剛柔相濟。三、動作弧形，圓活不滯；連貫協調，虛實分明。

5. 最長的風箏

風箏是一種由人牽引、靠風吹產生升力而能在空中遨翔的玩具，也可以說是一種重於空氣的飛行器。

中國早在春秋戰國時期就有人模仿飛鳥製造木鳶（或木鵲），具有軍事用途，木鳶即是古代的風箏；文獻上記載漢朝的韓信曾利用木鳶測量距離，因此一般人

相信，中國早在漢代以前就發明了風箏。

唐朝以後，風箏逐漸演變爲玩具，晚唐時風箏上已有絲條或竹笛做成的響器，藉風力可以吹出聲響，因此而有「風箏」之名。後來隨著造紙術的發展，更爲風箏在民間的普及化創造了有利環境，風箏的樣式也不斷地翻新，技藝更趨成熟。

不過風箏並非中國的專利，它在世界各地也是一項相當廣泛發展的休閒娛樂運動。風箏從中國流傳到朝鮮、日本和馬來西亞等東南亞國家之後，又流傳到歐洲和美洲等地，1752 年還有一個著名的風箏實驗：富蘭克林把一個金屬鑰匙掛在風箏線上，在雷雨中引電，證明了大氣中帶電，後來發明了避雷針。

風箏也帶給人們許多關於飛行的啓迪。因爲風箏具有良好的空氣動力性能，可以解決飛行器發展初期的空氣動力問題，也對日後飛機的發明有重要啓發作用。因此不論是英國的凱利、美國的萊特兄弟或是俄國的莫扎伊斯基都曾在飛機發明的初期，使用放風箏的方法來研究他們的飛機。

至於世界上最長的風箏，是在 2004 年 11 月 3 日飛上中國青島的天空，總長將近 3 公里（2290 公尺），一共有六百多片風箏腰片，是由七位風箏師傅花了一個月的時間才完工，比之前由德國人所創下一公里長的風箏紀錄還長了一倍多。

6. 呼拉圈運動之最

呼拉圈是一種很受歡迎的簡易運動，一般標準規格的呼拉圈重量大約是 100 公克，因此不分男女老幼，只要多嘗試幾次，都能藉著擺動腰身，輕易地摸索出使旋轉中的呼拉圈維持在腰間不墜的訣竅。

【最多人一起搖呼拉圈】——有人以搖呼拉圈來健身，有些人則喜歡比賽看誰搖得最久。2004 年 12 月 13 日，在香港理工大學運動場聚集了兩千五百多位小學生，他們每人腰間都有一個呼拉圈，當「開始」口令發布時，集體同時搖起腰間的呼拉圈，並保持至少兩分鐘不落地的水準。這次挑戰成功地刷新原本由台灣高雄市在 2000 年 10 月 28 日，號召 2469 人在中山體育場一起搖呼拉圈創下的紀錄。

【同時搖最多個呼拉圈】——除了最多人同時搖呼拉圈的世界紀錄之外，呼拉圈運動還有一項世界之最的紀錄，就是一個人同時搖多個呼拉圈。目前的紀錄保持人是一位年僅十六歲的中國雜技團女性團員李季惠，她在 2004 年 12 月隨團赴德國演出時，創下同時搖動兩百八十五個呼拉圈的紀錄，打破了 1997 年同樣也是由中國女子張紅，於江蘇無錫市體育館創下「同時搖動二百一十三個呼拉圈」的金氏世界紀錄。

呼拉圈之所以能夠擁有風靡全球各個年齡階層的

魅力，主要原因除了它的技術門檻不高，一般人都能夠很快地學會之外，呼拉圈更迷人的地方，應該是許多人深信，搖呼拉圈具有減肥瘦身、甚至塑身的效果。不過專家對呼拉圈的減肥效果多半抱持存疑的態度，同時也提醒民眾，搖呼拉圈之前別忘了先做暖身運動，且不宜過量或太劇烈，以免造成不必要的運動傷害。

7. 籃球的起源

籃球是純粹起源於美國的體育運動，發明者是詹姆士・奈史密斯（James Naismith）。他原是麻薩諸塞州春田市基督教青年會國際培訓學校（今春田學院）體育教練，1891年為提高學生對體育的興趣而吸收橄欖球、足球、曲棍球和其他戶外球類運動的成分，制定十三條簡單的規則，其主要原則仍是今日籃球運動的基本原則。他本來計劃使用兩

美國職業籃球比賽。

只木箱納球，但因一時找不到，便改用兩只桃籃，因此稱這種新的球類運動為「籃球」。當時候籃是有底的，所以球投進後，還要爬梯子上去取出；後來改用棍捅出，牽繩彈出，到1912年至1913年，才開始使用無底網袋。

起初觀眾喜歡在球場兩端籃架之後搞小動作，以幫助場上其中一隊而妨害另外一隊。為防止這種情況，1895年開始由各隊自備屏板，後來發展成為所謂的「籃板」。1908年至1909年，各職業球隊承認以玻璃作為籃板材質，一年後各大學隊也做出同樣決定。扇形籃板於1940年至1941年正式採用，透明籃板於1946年至1947年才正式成為法定。1920年至1921年將籃板自端線前移0.6公尺（2呎），1939年至1940年改為前移1.2公尺（4呎）。最初，籃球運動是使用足球的，到1894年才有特製的籃球，並直到1948年至1949年出現標準籃球規定——周長81公分（32吋）、重565～625公克（20～22盎司）、無穿線的圓球。

1915年各球隊聯合組織、業餘體育聯盟和基督教青年會共同成立「聯合規則委員會」，1933年更名為「美國和加拿大全國籃球運動委員會」。

8. 美國NBA得分王

談到美國職業籃球（即NBA），大家幾乎就會想到麥可喬登在空中飛躍的身影，不過在NBA歷史上的得分王並非喬登，而是另一位鼎鼎大名的超級明星——賈霸（Abdul-Jabbar）。

賈霸是美國大學及職業籃球選手，身高214公分。在上個世紀七○年代和八○年代早期，是美國籃壇的第一中鋒。中學時，他的身高就有203公分（6呎8吋），而且神準的投籃技術也在此時就技驚籃壇，四年間他共得2067分，創下紐約市中學生籃球得分紀錄。

1965年他進入加州大學洛杉磯分校（UCLA）就讀，在首場比賽中就創下該校「單場得56分」的紀錄。出神入化的球技，不但讓他自己隨後又創下「單場比賽得61分」的最高紀錄，而加州大學校隊在賈霸領軍期間，多場比賽中也只輸了二場。

賈霸於1969年加入全國籃球協會密耳瓦基公鹿隊，1970年就獲選為「年度最佳新人」。1971年公鹿隊贏得NBA冠軍，賈霸在總得分和單場平均得分，頻頻創下年度最佳紀錄。1984年他終於超越張伯倫（Wilt Chamberlain）的生涯總得分，改寫NBA得分紀錄（31,419分）。1989年賈霸退休時，所創下的得分紀錄為38,387分，迄今還沒有人可以超越。

9. 奧運會的起源

世界各國運動選手最看重的賽事，也就是每四年舉辦一次的奧運會，它的全稱是「奧林匹克運動會」。「奧林匹克」（Olympic）一詞是源自希臘的地名「奧林匹亞」（Olympia）。目前大家耳熟能詳的奧運會，嚴格來說，應該稱為「現代奧運會」，它的前身是西元前800多年，緣自古希臘在「神聖休戰月」所舉辦的古代奧運會。

關於古代奧運會的記錄，現存有文字可考、記錄了獲獎者姓名的資料，是西元前776年的賽事，因此後人也稱之為「第一屆古希臘運動會」。之後，這項運動會每四年舉辦一次，因舉辦地點在奧林匹亞，也稱它為「古代奧林匹克運動會」。從西元前776年到西元349年古代奧運會被羅馬帝國皇帝廢除為止，一共舉辦了二百九十三屆。

至於目前的奧運會，則是一千多年以後，在「現代奧林匹克之父」──顧拜旦男爵（Le baron Pierre De Coubertin）的努力奔走下，終得以在西元1896年，於雅典舉辦第一屆現代奧運會。顧拜旦男爵出身於法國貴族家庭，從小便熱愛擊劍、賽艇、騎馬、拳擊等運動。從1875年到1881年，考古學家連續在希臘挖掘出古代

古希臘角力競賽。

奧運會的文物遺址，吸引了顧拜旦男爵的興趣和關注，他認為宏揚古代奧林匹克精神可以促進國際體育運動的發展，經過多年積極推動復興奧林匹克運動，終於成立國際奧林匹克委員會，於西元1896年成功舉辦第一屆現代奧運會。

顧拜旦男爵不但是現代奧林匹克運動會的重要發起人，曾擔任將近三十年奧委會主席。他也是奧運會徽和會旗的設計者，終生倡導奧林匹克精神，被譽為「現代奧林匹克之父」確是實至名歸。

10. 最貴的奧運會

2004年於希臘雅典舉辦的第二十八屆奧運會，除了具有時隔一百餘年再度回到雅典的時代意義之外，根據希臘政府的統計報告指出，這場奧運會至少花費了90億歐元（約116億美元），這場重歸發源地雅典的奧運會同時也是奧運史上「最昂貴」的一屆奧運會。在此之前，花費最多的紀錄是1980年第二十二屆莫斯科奧運會，總共耗費了92億美元。

其實，為了籌辦一場成功盛大的奧運會，每一屆主辦國都難免要花上難以估計的費用。不過，以最近幾屆奧運會的開支來看，千禧年在澳洲舉辦的雪梨奧運

雅典奧運標誌。

會，只花費了大約 15 億美元，而再前一屆的亞特蘭大奧運會亦只花費將近 17 億美元。然而，自從美國九一一事件之後，為了防止恐怖分子趁機攻擊、破壞奧運的舉辦，雅典奧運會光是在安全防護上就投注了將近 14 億美元。

希臘政府表示，90 億歐元的支出中包括了造價昂貴的交通設施，例如一條有軌電車路線、城鄉的火車交通網絡、雅典市內與機場的地鐵交通等，遠超出原本 66 億歐元的預算。

希臘為這場雅典奧運會付出的金錢還不只這些，因為以長期來看，想要維持奧運會結束後眾多體育館的正常運作，政府每年還得再投入 8050 萬歐元。看來，雅典奧運會的確創下了史上最昂貴的運動會紀錄。他們大概也只能冀望從重要的觀光收入回收了！

11. 運動精神最可佩的奧運會

除了每四年舉辦一次的奧林匹克運動會之外，國際間還有一項專為八歲以上的殘疾人士提供全年體育訓練和運動競賽的活動，稱為「特殊奧林匹克運動會」，運動項目涵括夏季奧運和冬季奧運的比賽項目，其用意在於鼓勵殘障人士挑戰自身體能的極限，堪稱是「運動

精神最令人敬佩的奧運會」。

　　特殊奧運會自 1968 年首次舉辦，1988 年 2 月獲得
國際奧林匹克委員會正式予以承認，其國際總部設於美
國華盛頓特區。關於特殊奧運的開辦歷史，可以追溯至
1963 年 6 月，在「甘迺迪基金會」的支持下，由當時的
美國總統甘迺迪總統之妹施賴弗（Eunice Kennedy
Shriver）在馬里蘭州羅克維爾（Rockville）家中，爲殘
疾兒童開辦了一個白晝夏令營，之後五年又在美國和加
拿大等地舉辦了幾十個類似的夏令營，並且對在運動方
面表現優異者設立了特別獎。

　　到了 1965 年 7 月，施賴弗成功地勸使芝加哥公園
與甘迺迪基金會共同於士兵場舉辦了一次「特殊奧林匹
克運動會」，有來自加拿大和美國二十六個州共約一千
名運動員參加了這屆運動會。由於運動會辦得很成功，
當年年底就成立了「特殊奧林匹克運動會組織」，並且
在美國、加拿大和法國設立了分會。

　　1977 年 2 月 5 日至 11 日，第一屆國際冬季特殊奧
林匹克運動會正式在科羅拉多州斯廷博特斯普林斯
（Steamboat Springs）舉辦。後來參加運動會的國家越來
越多，到了九○年代，約在九十個國家設有分會，每年
約有一萬五千多場運動會和比賽在世界各地舉辦，最後
發展成每兩年舉辦一次國際性的特殊奧林匹克運動會，
冬季項目與夏季項目交替舉行，各持續九天。

12. 奧運史上第一隻吉祥物

在奧林匹克運動會歷史上，第一個「吉祥物」
（Olympic Mascot）是在 1972 年第二十屆德國慕
尼黑奧運會，一隻名為瓦爾第（Waldi）的五彩小
獵狗。從此之後，選出一個最有創意、個性並具
地方代表性的「吉祥物」，就成為每屆奧運會主
辦國十分重要的任務。

能被歷屆奧運組委會選為奧運會吉祥物，且通過
國際奧委會的核可，獲選的吉祥物必須具備一些特色，
例如富有活力、符合奧運會的舉辦精神、傳達主辦國家
及城市的歷史文化和人文精神等等。成功的吉祥物往往
具有營造奧運會之節慶氛圍的效果，也是向兒童和青少
年推廣奧林匹克精神時一項很重要的傳遞媒介。

在 1992 年巴塞隆納奧運會之前的吉祥物，大多是
以一隻具有主辦國（或地區）特色的動物形象作為創作
原型。自 1992 年開始，吉祥物的創作有了更寬廣的發
揮空間，有的是人物，或者完全是虛擬的設計創意，數
量上也產生改變，不再侷限於只有一個吉祥物，像
2000 年雪梨奧運會的吉祥物，就包括三隻澳洲本土動
物：悉德（Syd）、澳利（Olly）和米利（Millie）；
2004 年雅典奧運會的吉祥物，則是根據希臘神話故事
而創作出來的兩個人型玩偶：雅典娜（Athena）和費沃

---

①慕尼黑奧運會吉祥物——瓦爾第（Waldi）。
②雪梨奧運會吉祥物——澳利（Olly）。

斯（Phevos）。

　　2008年的北京奧運吉祥物，已於2004年8月5日起展開爲期四個月的公開徵選，總共有六百六十二件有效參選作品要來角逐北京奧運吉祥物的寶座，最後結果將由北京奧運組委會於2005年6月1日揭曉。

13. 奧運聖火之最①

　　現代奧運會是從西元1896年於雅典舉辦第一屆比賽，不過傳遞聖火的傳統，卻是到1936年在柏林舉行的第十一屆奧運會才建立的，但後來它卻成爲各屆奧運會的重點活動和特色。而第一位受邀點燃奧運聖火的人，是希臘運動員魯易斯。

　　其實，早在古代奧運的時候，就有在奧運會現場燃燒聖火的傳統，在當時是一種表達對神明的敬畏之意。現代奧運則是於1920年首次在比利時安特衛普會場上出現聖火，用以紀念戰死於第一次世界大戰中的將

希臘選手魯易斯傳遞聖火。

士們。國際奧會於1928年通過決議，今後每屆奧運會都要從奧運發源地——希臘奧林匹亞引來奧運聖火，並在主會場上點燃，一直到奧運會結束。不過當時並沒有傳遞聖火的過程，而是直接在開幕典禮時點燃。

西元1936年的柏林奧運會，聖火不但在奧林匹亞點燃，並且由德國派遣聖火接力隊伍，從希臘一路接力傳遞到柏林的主運動場，經過的國家包括希臘、保加利亞、南斯拉夫、匈牙利、奧地利和捷克，最後抵達德國，是第一次正式有聖火傳遞的活動。

而希臘選手魯易斯不僅是奧運史上第一位傳遞點燃聖火的運動員，更是唯一一位由非主辦國選手擔任傳遞聖火職務的特例。因為除了柏林奧運會，之後的每一屆奧運會都是挑選主辦國的選手來點燃、傳遞聖火。

14. 奧運聖火之最②

自從現代奧運會於1936年開始了傳遞聖火的傳統，每一屆奧運會聖火傳遞隊伍的最後一棒，也就是要在開幕典禮點燃大會聖火的人選，都成為主辦國家絞盡腦汁的功課，莫不希望能有出奇不意的人選或別出心裁的方式，好讓全世界留下深刻的印象。

1952年於赫爾辛基舉辦的奧運會，是首次搭乘飛

機，從希臘經丹麥哥本哈根再傳到芬蘭。本屆是第一次由奧運金牌得主來點燃聖火，此例開始了往後各屆奧運會紛紛尋找名人或是具有特別意義人物來點燃聖火的傳統。

1956年的奧運會則發生了唯一一次聖火在兩地點燃兩次的特殊記錄。原因是主辦國澳洲政府禁止境外馬匹進入澳洲，因此國際奧會要求將馬術比賽移到瑞典斯德哥爾摩舉行，所以聖火在傳遞過程中，先到斯德哥爾摩的馬術比賽場地點燃，再到澳洲的墨爾本（當屆的主會場）點燃，創下奧運史上唯一在兩地點燃聖火的紀錄。

1964年的東京奧運會，是奧運首次於亞洲舉行，聖火也首次傳遞到亞洲來，傳遞的方式除了過去常有的路跑、空運之外，還首次動用到船隻。經過的城市包括黎巴嫩貝魯特、伊朗德黑蘭、印度新德里、泰國曼谷、馬來西亞吉隆坡、菲律賓馬尼拉、香港，並且首次來到台灣台北過夜，再經琉球進入日本。聖火是由一位十九歲的學生阪井義則點燃，主辦國日本特意選擇出生於1945年8月6日——廣島原子彈爆炸當天的他，用以宣示日本追求和平的精神。

15. 奧運聖火之最③

　　1968 年在墨西哥舉辦的第十九屆奧運會，是第一次由女性來點燃奧運聖火，她是當時年僅二十歲的墨西哥田徑運動員，名爲恩麗奎特・巴西里奧（Enriqueta Basilio）。

　　1976 年蒙特婁奧運會的聖火首次由一位男性選手和一位女性選手共同點燃，並且從雅典經由太空上的人造衛星，傳送到加拿大的渥太華，開啓了太空傳遞的先例。

　　1984 年洛杉磯奧運會是首次有商業行銷手法介入聖火傳遞的活動，主辦單位以每公里 3000 美元的價值，有條件地開放給有意參與聖火傳遞活動的人。不過由於濃厚的商業色彩有違奧林匹克的運動精神，引發正反雙方激烈的爭議，最後希臘境內取消聖火傳遞和火炬交接移式，而主辦單位仍藉此募得了 1100 萬美元的收入。

　　1988 年的韓國漢城奧運會，是第一次由三個人一起點燃聖火，並且首次出現可升降的聖火台。1992 年的巴塞隆納奧運會則由一位特殊奧運會射箭選手，以火箭射向奧運聖火台引燃，如此特別的聖火點燃方式可說是該屆奧運會最具特色的巧心安排。

　　2000 年雪梨奧運會的聖火不但經由海、陸、空傳

遞，還一度潛入著名的大堡礁海底，成為第一次以潛水方式傳遞聖火的先例。最後於主會場點燃奧運聖火的，是澳洲著名的田徑女性運動員，同時也具有原住民身分，因此成為奧運史上第一位點燃聖火的具原住民身分選手，她也是當屆400公尺競賽的金牌得主。

2004年雅典奧運會以「傳遞聖火，聯結世界」作為該屆火炬傳遞的主題，是奧運聖火首次在世界五大洲進行傳遞，路徑規畫包括歷屆奧運會主辦國和一些具有代表意義的城市共二十七個國家、三十四個城市，總行程長達7萬8000公里，共有三千七百五十名火炬手和七百五十名護跑者參與聖火傳遞活動。

16. 奧運金牌得主之最

對一位運動員而言，能夠在有生之年獲得一面奧運金牌的肯定，應該是畢生夢寐以求且須每天努力練習的目標和理想。大多數的參賽國也都希望精挑細選出來的奧運代表隊，可以多拿幾面金牌為國爭光。

以國家為單位來看，美國可以說是奧運會的常勝軍，除了在1980年莫斯科奧運會中缺席之外，美國每一屆都參加，而且總成績都相當優異，其中有十一次在獎牌榜上高居榜首，七次拿到第二，還有兩次僅次於前

蘇聯和東德而獲得第三名，選手們總共拿回了七百四十一枚金牌，也居於世界之冠。

　　就個人來看，奧運史上單人累積獲得金牌數最多的紀綠是九面金牌，達到這個輝煌成績的運動員共有四位，其中唯一的女性是前蘇聯的體操選手拉里莎・拉蒂尼娜，她在 1956 年至 1964 年連續三屆的奧運會中，個人奪得九面體操金牌。

　　另一位奪金高手則同時創下了單次比賽奪得金牌數量最多的奧運會紀錄，他是美國游泳選手馬克・施皮茨。他於 1972 年舉辦的德國慕尼黑奧運會上，獲准參加了四個單項比賽和三個接力比賽項目，並在比賽中奇蹟般地獲得了這七個項目的七面金牌。

　　奧運體壇上還有一位長青樹，也列名在獲得金牌數最多的選手名單中，就是美國田徑老將劉易士（Carl Lewis）。他曾連續參加 1984 年至 1996 年四屆奧運會，最後一次參加時他已經三十五歲，算是奧運選手中的高齡人口了，仍追平「四連霸」的歷史紀錄，連續四屆奪得跳遠比賽金牌。

雅典奧運金牌。

國家圖書館出版品預行編目資料

世界之最的故事／溫晴玲編著
—— 初版. —— 臺中市：好讀，2005〔民94〕
面：　　公分，——（發現文明；17）

ISBN 957-455-854-1（平裝）

046　　　　　　　　　　　　　94006984

發現文明17

世界之最的故事

編　著／溫晴玲
總編輯／鄧茵茵
文字編輯／林碧瑩
美術編輯／李靜姿
發行所／好讀出版有限公司
台中市407西屯區何厝里19鄰大有街13號
TEL:04-23157795　FAX:04-23144188
e-mail/howdo@morningstar.com.tw
http://howdo.morningstar.com.tw
法律顧問/甘龍強律師
印製/知文企業（股）公司　TEL:04-23581803
初版/西元2005年6月15日

總經銷/知己圖書股份有限公司
http://www.morningstar.com.tw
E-mail/itmt@morningstar.com.tw
郵政劃撥：15060393
台北公司：台北市106羅斯福路二段79號4樓之9
TEL:02-23672044　FAX:02-23635741
台中公司：台中市407工業區30路1號
TEL:04-23595819　FAX:04-23597123

定價：230元／特價：169元

書名：世界之最的故事

1. 姓名：_____ □♀ □♂ 出生：___年___月___日
2. 我的專線：（H）_____ （O）_____
   　　　　　FAX _____ E-mail _____
3. 住址：□□□_____
4. 職業：
   □學生 □資訊業 □製造業 □服務業 □金融業 □老師
   □ SOHO族 □自由業 □家庭主婦 □文化傳播業 □其他_____
5. 何處發現這本書：
   □書局 □報章雜誌 □廣播 □書展 □朋友介紹 □其他_____
6. 我喜歡它的：
   □內容 □封面 □題材 □價格 □其他_____
7. 我的閱讀嗜好：
   □哲學 □心理學 □宗教 □自然生態 □流行趨勢 □醫療保健
   □財經管理 □史地 □傳記 □文學 □散文 □小說 □原住民
   □童書 □休閒旅遊 □其他
8. 我怎麼愛上這一本書：

   _____
   _____
   _____

『輕鬆好讀，智慧經典』
有各位的支持，我們才能走出這條偉大的道路。
好讀出版有限公司編輯部　謝謝您！

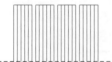
更方便的購書方式：

(1)信用卡訂購　填妥「信用卡訂購單」，傳眞或郵寄至本公司。

(2)郵 政 劃 撥　帳戶：知己圖書股份有限公司 帳號：15060393
　　　　　　　在通信欄中填明叢書編號、書名及數量即可。

(3)通 信 訂 購　填妥訂購人姓名、地址及購買明細資料，連同支
　　　　　　　票或匯票寄至本社。

◉單本以上 9 折優待，5 本以上 85 折優待，10 本以上 8 折優待。

◉訂購 3 本以下如需掛號請另付掛號費 30 元。

◉服務專線：(04)23595819-232　FAX：(04)23597123

◉網　　址：http://www.morningstar.com.tw